Kleine Baugeschichte

Mit zahlreichen farbigen Abbildungen

2., überarbeitete und erweiterte Auflage

von

Helmut Sommer

Handwerk und Technik • Hamburg

Inhaltsübersicht

Einleitung

Fünf Jahrtausende Baugeschichte in ein schmales Büchlein zu pressen gelingt nicht ohne Auslassungen, wie beispielsweise Baukulturen Indiens, Ostasiens, des präkolumbianischen Amerikas, Afrikas oder der islamischen Welt. Auch Europas Baugeschichte ist komplexer und vielgestaltiger als die hier dargestellte direkte Entwicklungslinie von der Antike bis zum heutigen Bauen. Aber die Wurzeln des heutigen Bauens liegen in Europa, wie auch die des grenzenlosen Kapitalismus angloamerikanischer Prägung, der die wirtschaftliche und kulturelle Hegemonie weltweit erreicht hat und damit die globale Baukultur prägt.

Ein Jahrtausend bevor die antiken Kulturen in Griechenland und Rom zu ihrer Blüte kamen, war in China bereits eine Hochkultur entstanden. Da dort in Holz gebaut wurde, sind die erhaltenen historischen Gebäude jünger, aber in bruchloser Weiterentwicklung früherer Baustile entstanden.

Zur Zeit der europäischen Antike gab es in Persien und Indien Hochkulturen, in denen sich aus dem buddhistischen Grabbau, dem Stupa, die Pagode entwickelte, die sich bis nach Ostasien und Japan verbreiten sollte.

Im heutigen Mexiko blühte die Kultur der Maya, später der Azteken und in Peru die der Inka. Sie alle fielen der Gier der Kolonisatoren nach Gold zum Opfer.

Während des europäischen Frühmittelalters entwickelte sich im Nahen Osten und in Nordafrika die islamische Baukultur, die einiges von der frühchristlichen Baukunst übernahm und manchmal, wie am Beispiel der Hagia Sophia in Istanbul, das Bauwerk selbst übernahm und es einfach anders nutzte, womit es für spätere Epochen erhalten blieb.

Häufig jedoch wurden Bauten früherer Kulturen bewusst zerstört, um die eigenen Symbole der Macht an ihre Stelle zu setzen. Das im Krieg beschädigte barocke Berliner Stadtschloss ließen die Machthaber der DDR als Symbol der preußischen Herrschaft sprengen und ersetzten es durch ihren Palast der Republik. Dieser wurde nach der Wiedervereinigung sofort abgetragen, als es sich zeigte, dass er sanierungsbedürftig war.

Bauen dient einerseits zum Schutz vor Klimaeinflüssen und vor Feinden, andererseits zur Demonstration der Macht. Heerscharen von Sklaven und Arbeitern darbten und bauten Pyramiden, Tempel, Kathedralen und Schlösser, wofür ein großer Teil des gesellschaftlichen Reichtums aufgewendet wurde. Schon früh symbolisierten Bauwerke Macht durch Größe, Gestaltung und vor allem Höhe. In der biblischen Geschichte des Turmbaus zu Babel versuchten die Menschen mit einem Turm, der bis zum Himmel reichte, Gott gleichzukommen. Die mittelalterliche Stadt wurde überragt von den Türmen der Kathedralen, bald auch von Geschlechtertürmen mächtiger Familien. Im heutigen Frankfurt übertrifft der Turm der Commerzbank mit 259 m den der Deutschen Bank, ist aber noch vergleichsweise bescheiden gegen den 830 m hohen Burj Khalifa in Dubai.

Vom Beginn des Bauens in der Steinzeit bis heute sind Bauwerke Ausdruck der Gesellschaft und Kultur, in denen sie errichtet wurden. Sie sind sichtbare Zeugen der Herrschaftsverhältnisse und der Religion, aber auch der Inspiration der Baukünstler, welche die Werke schufen. Die Formgebung und Konzeption von Bauwerken ist immer auch von den technologischen, konstruktiven und wirtschaftlichen Möglichkeiten der Zeit bestimmt.

Bhubaneswar, Indien 12. Jh.

Kyoto, Japan, Kinkaku-Ji 14. Jh.

Tula, Mexico, Tlahuizcalpantecuhtli-Pyramide 11. Jh.

Machu Picchu, Peru 15. Jh.

Sanaa, Jemen ab 11. Jh.

San Gimignano, Italien, Geschlechtertürme 12. – 13. Jh.

Frankfurt, Commerzbank 1997

Dubai, Burj Khalifa 2009

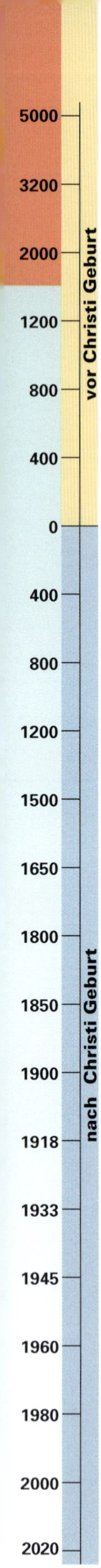

1 Die ersten Bauten

Die frühen Menschen waren Jäger und Sammler und daher als Nomaden unterwegs. Bleibende Unterkünfte waren die Basislager, zu denen nach langen Jagdausflügen immer wieder zurückgekehrt wurde. Dort wurden auch die Gräber der Vorfahren angelegt. Vielfach wurden Höhlen als Behausungen verwendet. In Gebieten, in denen es keine Höhlen gab, wurden aus Holz und Tierhäuten Unterkünfte errichtet. In Bilzingsleben, Thüringen, lassen sich aus archäologischen Funden Wohnzelte mit 4 – 5 m Durchmesser mit vorgelagerten Feuerstätten rekonstruieren, die etwa 370 000 Jahre alt sind und von einer Vorform des Menschen, dem *homo erectus,* stammen.

Von besonderen Orten, die als Versammlungsorte oder als Kultstätten dienten, sind Zeugnisse künstlerischen Schaffens erhalten, die ältesten stammen aus der letzten Eiszeit. In der **Vogelherdhöhle** im Lonetal, Baden-Württemberg, wurde eine 3,7 cm lange, 35 000 Jahre alte Mammutfigur aus Mammutelfenbein gefunden. Zusammen mit altsteinzeitlichen Siedlungsresten wurde in Willendorf an der Donau in Niederösterreich eine Kalksteinfigur mit 11 cm Höhe ausgegraben, die offensichtlich ein Fruchtbarkeitssymbol darstellt. Die **Venus von Willendorf** ist um 25 000 v. Chr. entstanden. Nach der Eiszeit um 15 000 v. Chr. entstanden die berühmten Höhlenmalereien von **Lascaux** in Frankreich und von **Altamira** in Spanien.

Mammutfigur aus der Vogelherdhöhle, Baden-Württemberg 33 000 v. Chr.

Venus von Willendorf, Österreich 25 000 v. Chr.

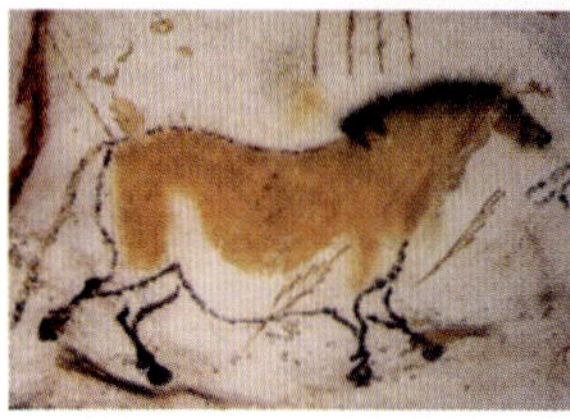

Lascaux, Frankreich

Altamira, Spanien

1.1 Jungsteinzeitliche Siedlungen

Die Sesshaftwerdung des Menschen begann um 10000 v. Chr. in Mesopotamien, in Mitteleuropa 5000 Jahre später mit der Entwicklung des Ackerbaus und der Haltung von Haustieren. Damit ergab sich die Notwendigkeit in größeren Gemeinschaften zusammenzuleben und eine gewisse Arbeitsteilung zu entwickeln. In den Dörfern mussten Vorkehrungen für die Vorratshaltung und den Schutz der Bewohner und der Vorräte getroffen werden. Daher wurden die Dörfer mit Wällen oder Palisaden umgeben oder in Feuchtgebieten auf Pfählen errichtet, wie in Unteruhldingen am Bodensee.

Die Bauformen wurden aus lokal verfügbaren Materialien wie Holz, Schilf, Lehm oder Steinen entwickelt. Steinhäuser waren häufig rund und mit einem unechten Gewölbe überdeckt, wodurch die Raumgröße beschränkt blieb. Später entwickelten sich langgestreckte Bauten mit mehreren Räumen. Holzbauten waren entweder Blockbauten oder Stangenbauten mit senkrechten Traghölzern, deren Wände aus Flechtwerk mit Lehm beworfen waren. Die Häuser waren meist langgestreckt und boten im Inneren um eine Feuerstelle Platz für eine Familie samt Haustieren.

Unteruhldingen, Pfahlbauten, Rekonstruktion 3000 – 1000 v. Chr.

Kussow, Mecklenburg Asparn/Zaya, Niederösterreich
Rekonstruktion jungsteinzeitlicher Häuser

1.2 Jungsteinzeitliche Kultbauten

Waren die Siedlungen zweckmäßig und verhältnismäßig einfach zu errichten, so galt dies nicht für Kultbauten. Dafür wurden enorme Anstrengungen unternommen. Bei den Bauten der **Megalithkultur** wurden tonnenschwere Steine gebrochen, bearbeitet und aufgerichtet. So entstanden einzelstehende Stelen, Menhire oder **Dolmen**, die sich aus senkrechten Tragplatten und einer Deckplatte aus einem Stück zusammensetzen.

In **Stonehenge**, England, wurden die **Megalithe** in mehreren Reihen um ein Zentrum angeordnet, die Öffnungen sind genau nach dem Lauf der Sonne ausgerichtet. Die gesamte Kultstätte war mit einem Wall umgeben. Die ältesten Teile stammen aus der Zeit um 3100 v. Chr.

Dolmen de la Madeleine, Gennes, Frankreich 4500 v. Chr.

Stonehenge, England 3100 – 2000 v. Chr.

2 Die Hochkulturen der Bronzezeit

Der Beginn der Bronzezeit wird im vorderen Orient mit 7000 v. Chr. angesetzt (in Mittel- und Westeuropa 5000 Jahre später). Die verbesserten Techniken der Landwirtschaft und des Bergbaues führten um 3000 v. Chr. zur Bildung größerer Städte. Zur selben Zeit wurden der Pflug, das Segelboot, die Töpferscheibe und der Webstuhl entwickelt. Parallel zur Entwicklung der arbeitsteiligen Wirtschaft und des Handels entstanden Zahlensysteme, Schrift, Astronomie und Kalender. Schreiben, Rechnen und die Sternenkunde waren Fertigkeiten einer immer mächtiger werdenden Priesterkaste. Die Städte der ersten Hochkulturen entstanden zu dieser Zeit im Vorderen Orient von Ägypten über Mesopotamien und Persien bis nach Indien.

2.1 Mesopotamien

Das Land zwischen den beiden Strömen Euphrat und Tigris, im heutigen Irak gelegen, war durch Überschwemmungen und künstliche Bewässerung äußerst fruchtbar. Um 3200 v. Chr. bauten die Sumerer die Städte **Ur**, Uruk, Eridu und Lagasch, die von Priesterfürsten regiert wurden, später unter den Akkadern von Despoten. Die Herrschaft wechselte danach zwischen Assyrern und Babyloniern, bis 539 v. Chr. Babylon von den Persern erobert wurde.

Die wechselhafte Geschichte zeigt, dass ein großer Teil der gesellschaftlichen Anstrengung dem Kriegshandwerk gewidmet war, weshalb Städte von einer Stadtmauer umgeben waren. Dies war bis auf wenige Ausnahmen in der weiteren Geschichte bis ins 19. Jh. die Regel. Der Umfang an Bauleistungen erforderte ein Maß an Organisation, das nur in einer hierarchisch strukturierten Gesellschaft möglich war. Somit erfüllte die Stadtmauer den doppelten Zweck als Schutz einerseits, als Begrenzung der Freiheit der Untertanen andererseits.

Siedlungsbau

Zum Schutz vor Überschwemmungen wurden künstliche Erdhügel geschaffen, auf denen die Städte gebaut waren. Sie waren von schiffbaren Kanälen durchzogen und mit einer Mauer umgeben, deren Zugänge durch wenige Stadttore führten.

Die Städte der Sumerer wie z.B. **Ur** wiesen einen ovalen Grundriss mit einer turmbewehrten Mauer auf. Die Straßen waren unregelmäßig verschachtelt und verbanden kleinere Plätze. In der Mitte der Stadt befanden sich Sakral- und Palastbauten mit rechteckigem Grundriss.

Die Assyrer – eine militärisch organisierte Gesellschaft – bauten regelmäßige und rechtwinkelige Stadtanlagen mit erhöht liegenden Staatsgebäuden am Stadtrand. Die Ende des 8. Jh. v. Chr. neu gegründete Stadt Dur-Scharrukin – heute Chorsabad – wies einen fast quadratischen Stadtgrundriss mit der Palastanlage an der Nordostecke auf.

Auch **Babylon**, das bereits um 2000 v. Chr. Residenz wurde, war geometrisch geordnet. Das Hauptheiligtum lag in der Mitte am Euphrat, die erhöhte Burg am nördlichen Stadtrand. Im Zentrum gab es ein rechwinkeliges Straßennetz, am Stadtrand eine verschachtelte Parzellierung wie in Ur. Die innere, den Stadtkern umschließende, Stadtmauer umfasste eine Fläche von etwa 2,5 mal 1,5 km, die äußere, welche die Vorstädte einschloss, eine Gesamtlänge von 28 km. Der Zugang zum **Ischtartor** erfolgte über eine Prozessionsstraße, welche zum Festhaus

Uruk, Statuette, 3300 v. Chr.

Babylon, Ischtartor, Relief

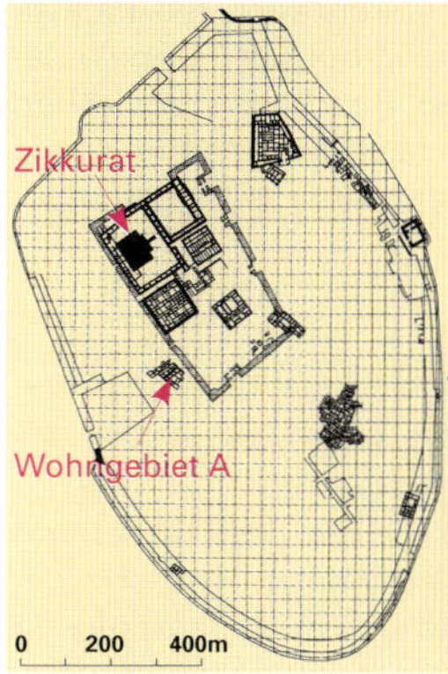

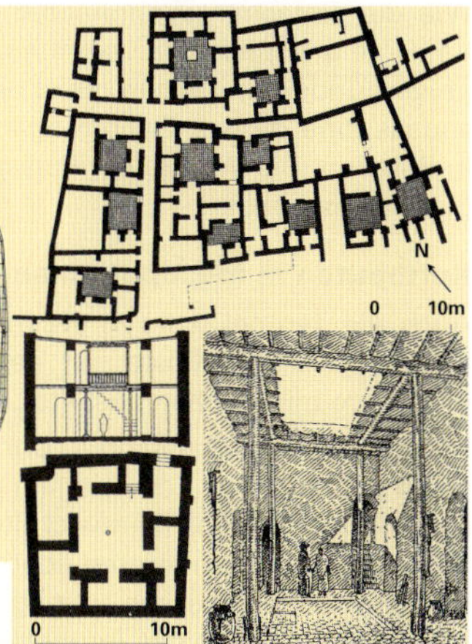

Ur, Stadtplan, Wohngebiet A, Wohnhaus

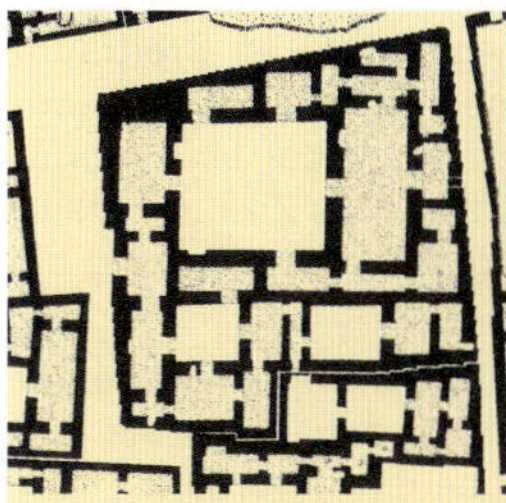

Babylon, Wohnhaus, Grundriss und Schaubild

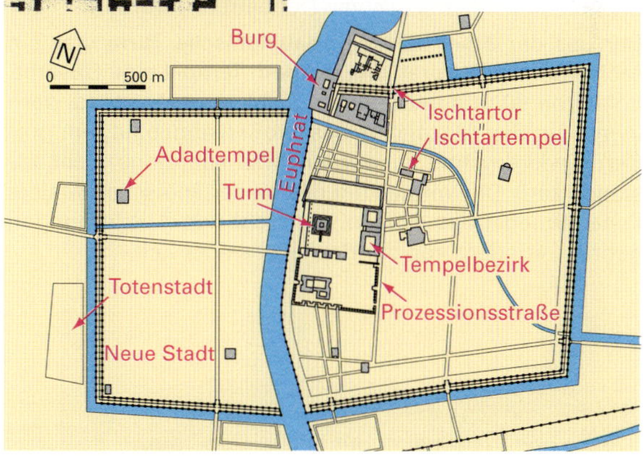

Babylon, Stadtplan

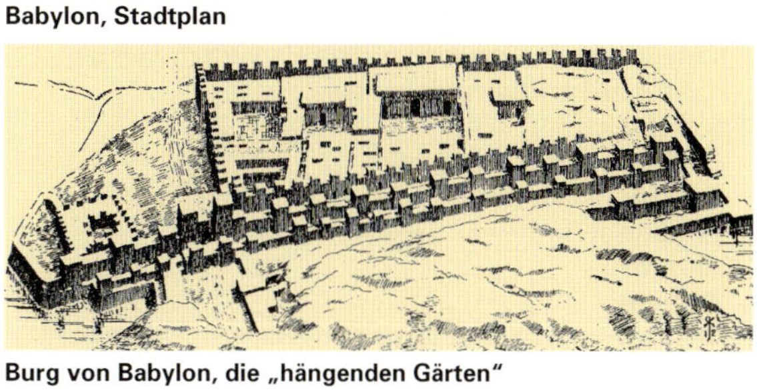

Burg von Babylon, die „hängenden Gärten"

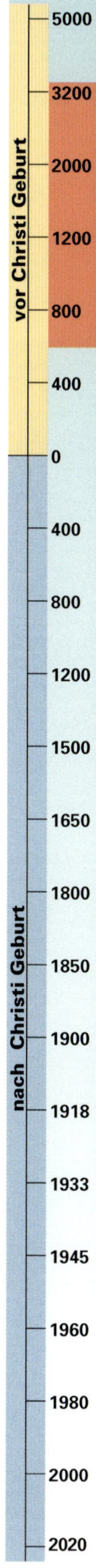

5000
3200
2000
1200
800
400
0
vor Christi Geburt
400
800
1200
1500
1650
1800
1850
1900
1918
1933
1945
1960
1980
2000
2020
nach Christi Geburt

führte. Sie war mit Löwendarstellungen aus bunt glasierter Keramik geschmückt. Babylon wurde mehrfach zerstört und wieder aufgebaut, weshalb die Ausgrabungen den Zustand des 7. Jh. v. Chr. zeigen.

Die Familien wohnten in Reihenhäusern mit ein bis zwei Geschossen. Die Räume waren um einen zentralen Hof gruppiert, Fenster nach außen gab es kaum.

Gebaut wurde mit luftgetrockneten Lehmziegeln, die Dächer waren flach und über eine Treppe erreichbar. Die Versorgung mit Wasser und Entsorgung des Abwassers erfolgte über keramische Röhren, ein Komfort, den es später in Kreta und im Römischen Reich gab, dann erst wieder ab der zweiten Hälfte des 19. Jh.

Wie die einfachen Wohnhäuser waren auch die Paläste um Höfe gruppiert. Sie waren häufig mit der Tempelanlage verbunden und lagen meist am Rand der Stadtmauer, sodass eine direkte Fluchtmöglichkeit gegeben war, wie in Babylon. Die Wände der Paläste waren mit Natursteinplatten verkleidet.

Kultbauten in Mesopotamien

Auch die Tempel wurden als rechteckige Hofanlage gebaut. Das Allerheiligste mit dem Götterbild wurde als Breitraum mit Nischen gestaltet.

Bereits im 4. Jahrtausend v. Chr. wurde der Tempel von **Eridu** auf einer aus Lehmziegeln errichteten Plattform gebaut. Aus dieser Form entwickelte sich im 3. Jahrtausend das **Zikkurat**. Auf mehreren übereinanderliegenden rechteckigen Ziegelterrassen mit geböschten, gegliederten Mauern stand oben der Tempel. Die Fassade des Tempels war durch Pfeiler und Nischen gegliedert. Der Breitraum mit dem Götterbild war von einer umlaufenden Raumgruppe umgeben. Der Zugang erfolgte über eine monumentale Freitreppe und einen Torbau. Das Zikkurat stand in einem Hof innerhalb des heiligen Bezirkes, häufig als Teil einer größeren Tempelanlage.

Der **Anu-Anad-Tempel** in **Assur** wies als Doppeltempel für die beiden Gottheiten Anu und Anad zwei Zikkurate auf, die über einen gemeinsamen Hof betreten wurden.

Der aus der Bibel bekannte **babylonische Turm** war ein sechsstufiges Zikkurat, das mit dem Tempel eine Gesamthöhe von 90 m aufwies. Er ist nicht eingestürzt, sondern wurde zur Zeit Alexanders des Großen abgebaut, um größer wiedererrichtet zu werden, was allerdings nicht zustande kam. Die Vorstellung des niederländischen Malers Pieter Bruegel des Älteren war nicht von Ausgrabungen geprägt, sondern von der Baukunst seiner Zeit.

Städte- und Wohnbau:
- **Burg und Stadtmauer mit befestigten Toren**
- **Geometrische Stadtanlagen**
- **Kanalisierte Flüsse und Straßen als Verkehrswege**
- **Häuser mit zentralem Innenhof**

Bautechnik:
- **Ziegelbau aus Lehmziegeln**
- **Gebrannte und glasierte Ziegel für Verkleidungen**
- **Leitungssysteme aus gebranntem Ton**

Bauformen:
- **Zikkurat**
- **Gliederung der Wandflächen mit Nischen**

Ischtartor, Babylon, im Pergamonmuseum, Berlin 575 v. Chr.

Babylon Ausgrabung der historischen Stadt

Ur, Zikkurat, Rekonstruktion 2100 – 1900 v. Chr.

Assur, Anu-Adad-Tempel

Babylon, Zikkurat

Der Turm zu Babylon Gemälde von Pieter Bruegel, 1563

2.2 Ägypten

Durch jährliche Überschwemmungen des Nils entstand ein fruchtbarer Streifen in der Wüstenlandschaft Nordafrikas. Das Ägyptische Reich reichte vom Nildelta bis 1000 km in den Süden und bestand mit kleinen Unterbrechungen von 3200 – 30 v. Chr. Die erste Blüte kam nach der Vereinigung Unter- und Oberägyptens unter dem ersten Pharao Menes.

Altes Reich 2850 – 2150 v. Chr.
Memphis, Mastabas, Stufenpyramide von Sakkara, Pyramiden von Gizeh

Mittleres Reich 2050 – 1780 v. Chr.
Theben, Mentuhotep, Terrassentempel Deir el-Bahari

Neues Reich 1610 – 715 v. Chr.
Theben, Luxor, Abu Simbel

Spätzeit 715 – 330 v. Chr.
Gründung von Alexandria, Tempel zu Edfu

Um 330 v. Chr. wurde Ägypten durch Alexander den Großen erobert, danach erfuhr es unter den Ptolemäern eine letzte Blütezeit bis zur römischen Herrschaft ab 30 v. Chr.

Die ägyptische Gesellschaft war streng hierarchisch aufgebaut. An der Spitze stand der als Sohn des Sonnengottes verehrte Pharao. Die Führungsschicht bestand aus Priestern, hohen Staatsbeamten und Großgrundbesitzern. Darunter standen Beamte, Schreiber und Handwerker. Der größte Anteil der Bevölkerung aber waren Kleinbauern und Sklaven.

Städte- und Wohnbau in Ägypten

Einheit, Macht und Größe des Reiches und die Lage in der Wüste machte besondere Verteidigungsanlagen nicht notwendig, weshalb sich die Städte mit ihren Lehmhäusern eher regellos entwickelten. Die Stadt der Toten aber wurde aufwendig und dauerhaft aus Stein erbaut, wofür ein großer Teil der Ressourcen der Gesellschaft verwendet wurde.

Memphis wurde um 2600 v. Chr. neu errichtet. Als geplante Stadt wies es eine Nord-Süd- und eine Ost-West-Achse mit rechtwinkeligem Straßensystem auf. Im Zentrum der mit einer Stadtmauer umschlossenen Stadt befanden sich der Palast und die Heiligtümer.

Theben, die Hauptstadt des Mittleren und Neuen Reiches und Sitz des Gottes Amun, hatte als Mittelachse einen schiffbaren Kanal, der zu einem Nilhafen führte. Es wurde das 100-torige Theben genannt, eine offene Stadt.

Die aus Lehmziegeln erbauten Wohnhäuser sind nur aufgrund archäologischer Funde rekonstruierbar, während die steinernen Tempel und Grabmonumente teilweise gut erhalten sind.

Das ägyptische Wohnhaus der Oberklasse war großzügig angelegt. Um das Herrenhaus waren das Frauenhaus und der Wirtschaftshof mit Stallungen, Vorratskammern und Sklavenunterkünften gruppiert. Die gesamte Anlage einschließlich des Gartens war mit einer Mauer umgeben und bildete mehrere Höfe.

Wohnhäuser von Arbeitern an Tempel- und Grabanlagen wurden als Reihenhäuser gebaut. Von einer schmalen Gasse gelangte man durch einen Vorraum, in dem das Kleinvieh untergebracht war, in den Hauptraum, der höher war als die angrenzenden Räume und über Oberlichter erhellt wurde. Dahinter folgte die fensterlose Schlafkammer und die Küche mit einer steilen Treppe zum flachen Dach, das an kühlen Abenden zum Aufenthalt benutzt wurde.

Gizeh, Pyramiden

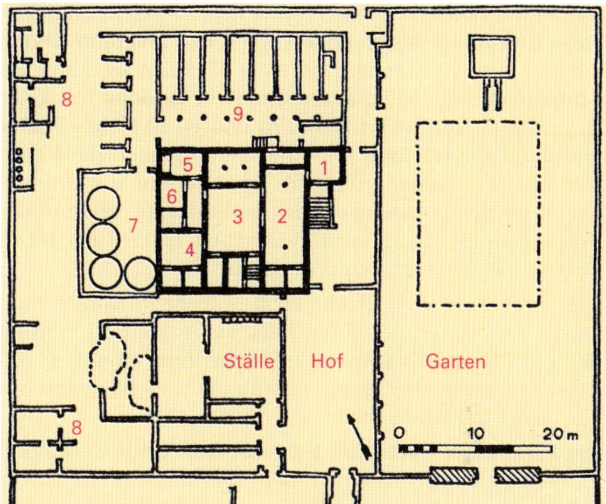

El-Amarna 1360 v. Chr.
Haus eines hohen Beamten
1 Vorraum
2 Empfangssaal
3 Speise- und Wohnsaal
4 Wohnzimmer
5 Schlafzimmer
6 Bad mit Toilette
7 Kornspeicher
8 Dienstbotenunterkünfte
9 Vorräte

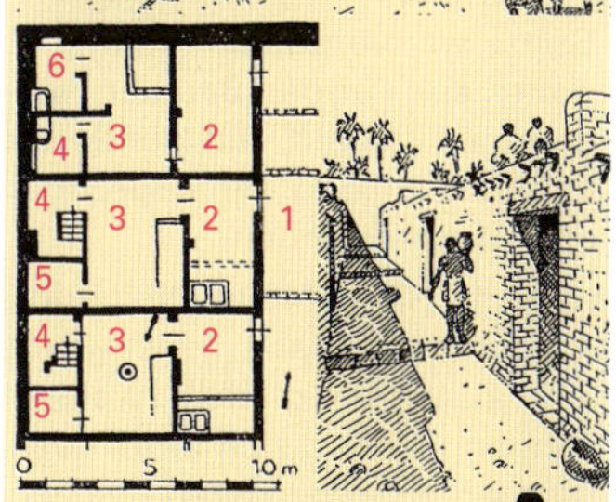

El-Amarna
Reihenhäuser für Arbeiter
1 Gasse
2 Vorraum, Kleintiere
3 Wohnraum
4 Küche
5 Schlafkammer
6 Vorräte

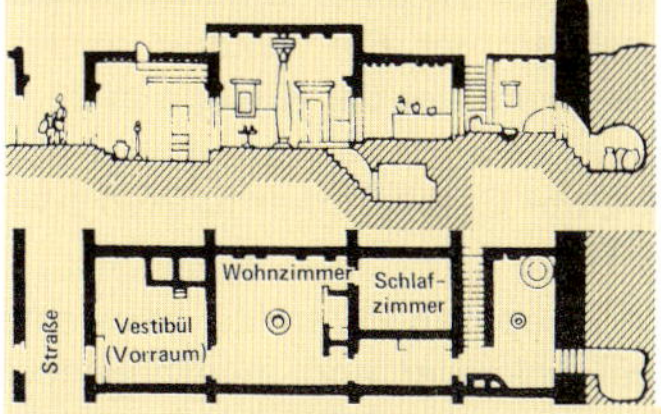

Deir el-Medina 1400 v. Chr.
Schnitt und Grundriss eines Hauses
für die im Tal der Könige beschäftigten Arbeiter

Plan der Siedlung

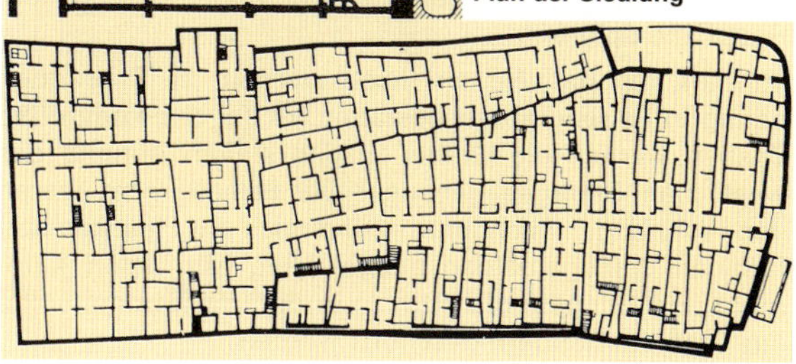

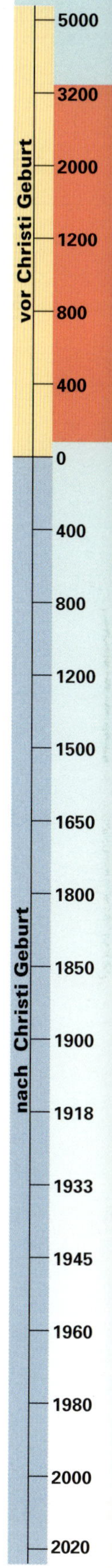

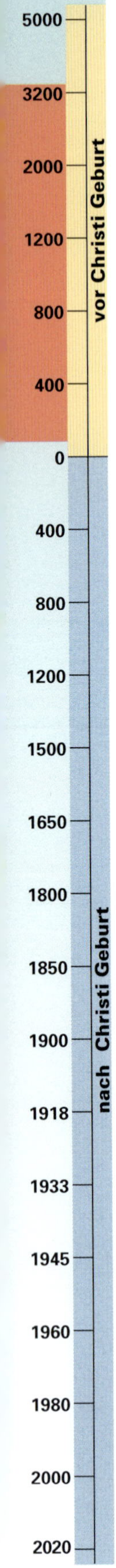

Grabanlagen und Tempelbauten

Die Ägypter glaubten an ein Weiterleben nach dem Tode, wofür die Erhaltung des Körpers Voraussetzung war. Deshalb wurden die Toten sorgsam mumifiziert und aufwendig mit vielen Grabbeigaben bestattet. Die Grabbauten sollten wie die Mumien die Ewigkeit überdauern und wurden daher aus Stein gebaut. Sie befanden sich westlich des Nils am erhöhten Wüstenrand außerhalb des fruchtbaren Landes. Die Grabkammer lag oft tief in den Felsen eingehauen. Von ihr führte ein Schacht zur Scheintür und dem dahinterliegenden Opferraum sowie weiteren Räumlichkeiten. Diese Räume lagen in einem blockartigen Bau mit geböschten Wänden, der **Mastaba**. Durch die mehrmalige Aufstockung einer Mastaba entstand die **Stufenpyramide**, wie die des **Djoser** in **Sakkara** mit einer Grundfläche von 118 mal 140 m und 60 m Höhe. Später wurden die Pyramiden mit einer durchgehend geneigten Außenhaut versehen, zuerst als Knickpyramide mit einem flacheren Neigungswinkel der oberen Hälfte, wie bei der Knickpyramide des Snofru in Daschur. Schließlich setzte sich die reine Pyramidenform durch.

Die Totenstadt von **Gizeh**, 2600 – 2500 v. Chr., beherbergte Pharaonen des Alten Reiches in den drei **Pyramiden** des **Cheops**, **Chephren** und **Mykerinos**, umgeben von Kleinpyramiden der Pharaonenfamilie und Mastabas für Mitglieder der Oberschicht.

Die Pyramiden waren der Schlusspunkt eines Zeremonienweges, der von einem Seitenkanal des Nils zu einem Taltempel am Wüstenrand führte, wo der Leichnam des verstorbenen Pharaos einbalsamiert wurde. Vom Taltempel bewegte sich die Prozession über einen gedeckten Weg hinauf zum Totentempel mit der Scheintür, dem Zugang zur Pyramide.

Die Pyramiden waren exakt nach den Himmelsrichtungen ausgerichtet und in den Maßen sehr genau. Sie wurden schichtweise wie Zwiebelschalen aufgebaut und wuchsen so während der Regierungszeit des Pharaos. Nach seinem Tod musste nur mehr die glatte Ummantelung vorgenommen werden. Die Spitze war vergoldet und fing so die Strahlen des Sonnengottes ein. Für den Bau der Pyramiden wurden lange Erdrampen gebaut, auf denen die Steinblöcke auf Baumstämmen rollend hinaufgezogen wurden. Das Rad wurde erst später erfunden.

Cheops-Pyramide: Länge 230 m, Höhe 146 m, Neigungswinkel 51°50'. Der Sockel bestand aus Granit, sonst wurde sie aus Kalkstein gebaut und außen mit glattem, weißem Kalkstein verkleidet. Der Eingang befand sich im Norden, über einen Gang gelangte man zu einer unterirdischen, nie ganz ausgebauten Grabkammer. Ein weiterer, ansteigender Gang führte zur Grabkammer der Königin in 21 m Höhe und der des Königs in 43 m Höhe, mit einer Größe von 10,40 mal 5,20 m. Von der Grabkammer führten zwei schmale Luftschächte ins Freie.

Den Zeremonienweg zur Chephren-Pyramide bewachte eine Kolossalfigur mit Löwenkörper und menschlichem Haupt, die **Sphinx**.

Im Mittleren und Neuen Reich wurden die Pharaonen häufig in **Felsengräbern** bestattet. Im Tal der Könige bei Theben wurden die Gräber in den steilen Abhang des westlichen Gebirges gehauen. Die Felsengräber waren den Wohnungen nachgeformt und reich mit Plastiken und farbigen Wandgemälden ausgestattet. Mit vielen Kammern und Gängen, die oftmals in die Irre führten, sollte das Grab vor Räubern geschützt werden.

Sakkara, Stufenpyramide des Djoser 2650 v. Chr.

Sakkara, Mastaba des Schepseskaf

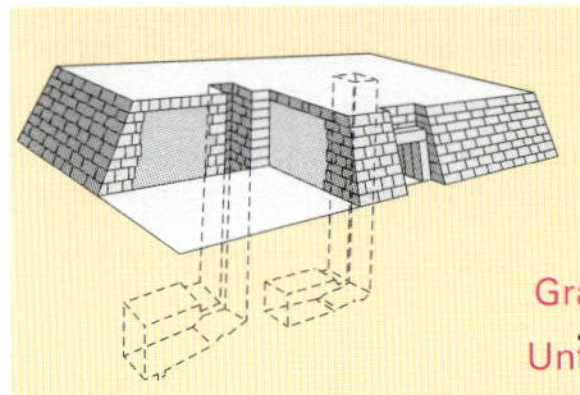
Mastaba

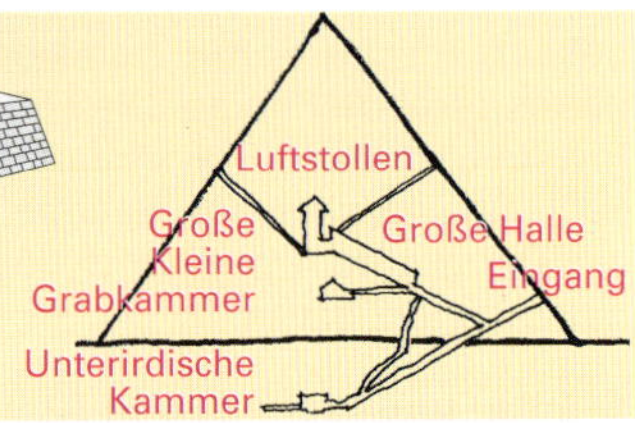

Cheops-Pyramide, schematischer Schnitt

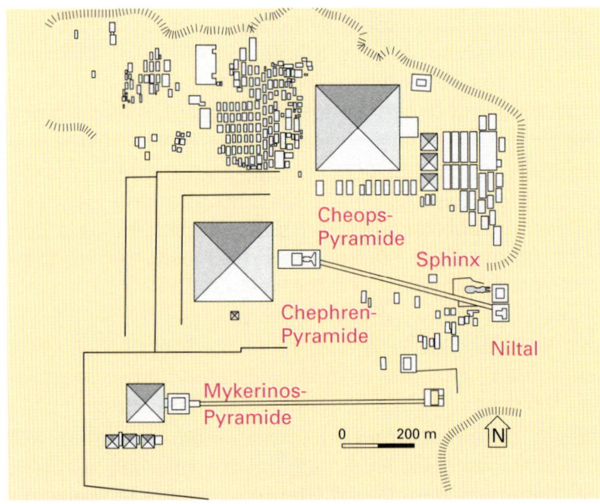

Gizeh, Gräberbezirk

Gizeh, Chephren-Pyramide mit Sphinx

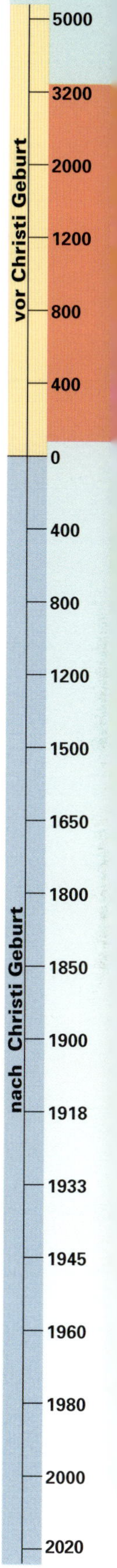

Tempel

Die erhaltenen Tempelanlagen, außer den Pyramiden-Totentempeln, stammen alle aus dem Neuen Reich.
Der Grundriss des Tempels wurde aus dem Wohnhaus entwickelt. Das Eingangstor zwischen den **Pylonen** war von Kolossalstatuen oder **Obelisken** flankiert und führte in einen Hof, der von Säulenhallen umgeben war. Durch eine Vorhalle gelangte man in einen großen, quergestellten Säulensaal. Dahinter befand sich das Allerheiligste mit dem Götterbild, umgeben von zahlreichen kleineren Räumen.

Der ummauerte innere Tempelbezirk befand sich in einem ebenfalls von einer Mauer umgebenen äußeren Tempelbezirk, in dem die Wohnungen der Priester und Sklaven sowie Vorratsräume untergebracht waren.

Der landschaftlichen Lage entsprechend wurde der **Hatschepsut-Tempel** in **Deir el-Bahari** als Terrassentempel ausgeführt. Mehrere, durch Rampen verbundene Höfe, führten zum Heiligtum hinauf.

Die **Felsentempel** von **Abu Simbel** sind zur Gänze in den Fels gehauen. Auch die Kolossalstatuen an der Fassade sind aus dem Fels herausgearbeitet.

Säulen

Aus dem quadratischen Pfeiler ohne Basis und Kapitell entwickelten sich im Mittleren Reich acht- oder sechzehneckige Säulen. Später wurden Säulen nach pflanzlichen Motiven gestaltet. Die Vorbilder waren **Papyrus**, **Lotos** und **Palme**. Die Säulen konnten einen einfachen kreisförmigen Grundriss aufweisen oder als Bündelsäulen ausgebildet sein. Das Kapitell stellte sich geschlossen als Knospe oder offen als Blüte dar.

Papyrus Palme

Bautechnik:
- **Steinbau**
- **Stütze-Balken-Konstruktion aus Stein**

Bauformen und Stilelemente:
- **Pyramide**
- **Obelisk**
- **Säulenhalle**
- **Säulen mit Basis und Kapitell nach pflanzlichen Motiven**
- **Basrelief**

Nach der Eroberung Ägyptens durch Napoleon 1798 – 1801 finden ägyptische Motive Eingang in die europäische Baukunst des 19. Jahrhunderts.

Theben, Karnak, Obelisk des Thutmosis
Höhe 19,5 m, 1500 v. Chr.

Theben, Karnak, großer Amuntempel, Säulen

Edfu, Horustempel, Pylonen am Eingang 3. – 1. Jt v. Chr.

Edfu, Horustempel, Grundrissmodell

Deir el-Bahari, Hatschepsut-Tempel

Abu Simbel, Felsentempel Eingang

2.3 Kreta

Die Kultur Kretas, nach dem König Minos als die minoische bezeichnet, entstand um 2000 v. Chr., wurde durch den Ausbruch des Vulkans Santorin um 1600 v. Chr. stark erschüttert und hielt sich bis 1400 v. Chr.

Städte- und Wohnbau in Kreta

Die unbefestigten Städte waren der hügeligen Landschaft entsprechend regellos angelegt. Der Palast des Herrschers stand im Zentrum, zu dem die wichtigsten Straßen führten. Die Wohngebiete waren labyrinthartig dicht mit schmalen Gassen oder Treppen bebaut. Die zweigeschossigen Wohnhäuser waren mit einer durchgehenden Mauer als Trennung zwischen den Häusern aneinandergereiht. Die Erschließung der hintereinander angeordneten Räume erfolgte seitlich entlang einer durchgehenden Wand und hielt damit den Großteil des Raumes frei vom Durchgang. Die Häuser waren aus Stein gebaut, mit flachen Dächern aus Lehmschlag auf Holzkonstruktion.

Palastbauten in Kreta

In **Knossos** und Phaestos sind die Reste überaus prächtiger unbefestigter Paläste erhalten. Die Paläste bestanden aus einer Vielzahl von Höfen und Räumen in regelloser Anordnung. Sie waren innen mit Fresken geschmückt und mit Luftheizung und Kanalisation komfortabel ausgestattet. Außen waren sie mit Säulenreihen, Gesimsen, Balkonen und Balustraden in kräftigen Farben dekoriert. Die kretischen Säulen wiesen einen nach unten verjüngten Schaft und ein polsterartiges Kapitell auf.

Gut ausgestattete Paläste, konische Säulen

2.4 Mykene

Von 1600 – 1200 v. Chr. war das Kriegervolk der Mykener vorherrschend und baute auf dem griechischen Festland Wehrburgen.

Wehrburgen

Die **Burg von Mykene** wurde auf einer Anhöhe errichtet und mit starken Mauern geschützt. Die Mauern wurden aus riesigen, grob behauenen Steinen mörtellos gefügt. Die Sage schrieb ihre Entstehung einäugigen Riesen, den Zyklopen, zu. Daher stammt auch der heutige Begriff „Zyklopenmauer" für unregelmäßiges Mauerwerk aus großen Steinen. Innerhalb der bis zu 8 m dicken Mauern befanden sich der Palast der Herrscher und die Wohngebäude führender Persönlichkeiten, während das gemeine Volk außerhalb der schützenden Mauern lebte. Der Zutritt erfolgte durch das **Löwentor**. Über dem 4,5 m breiten Türsturz wurde eine große dreieckige, mit einem Löwenrelief geschmückte Steinplatte angeordnet, die der Entlastung des Sturzes dient. Die beiden Löwen flankieren eine Säule, die einen nach unten verjüngenden Schaft aufweist, wie in Kreta.

Grabbauten

Das **Schatzhaus des Atreus**, ein Königsgrab, ist ein Kuppelbau mit unechtem Gewölbe. Die Lagerfugen verlaufen horizontal, die Steine der jeweils höheren Schichten kragen ein Stück hervor. Der Bau wurde mit einem Erdhügel überdeckt. Der Zugang erfolgt über einen 36 m langen Gang und ein Tor, das ein Entlastungsdreieck über dem Sturz aufweist. Das Portal war von ornamentierten Säulen flankiert. Vor dem Entlastungsdreieck über dem Portal befand sich eine reich verzierte Steinplatte.

Zyklopenmauerwerk, Scheingewölbe

Knossos, Palast, kretische Säulen

Knossos, Palast, Innenraum

Gurnia, Stadtanlage

Mykene, Burg, Löwentor

Mykene, Schatzhaus des Atreus, Schnitt und Eingang

3 Die klassische Antike

Nach dem Niedergang der bronzezeitlichen Kulturen der Ägais um 1200 v. Chr. und der Eroberung durch die Dorer entstand in Griechenland um 800 v. Chr. eine neue Form der städtischen Kultur. Befördert durch die Errungenschaften der Eisenverhüttung, des Alphabets und der Münzprägung blühte der Seehandel. Bedingt durch die kleinräumige Landschaft entwickelten sich unabhängige Stadtstaaten. Diese waren nicht mehr Residenz eines Herrschers über große Gebiete, sondern der Ort eines selbstbewussten und selbstbestimmten Bürgertums. Von den Rechten als Bürger war allerdings ein großer Teil der Bevölkerung ausgeschlossen, wie Frauen, Fremde und Sklaven. In diesen Gesellschaften entwickelten sich auch heute noch gültige Grundsätze der Demokratie und des Rechts. Die freien Bürger, die keiner Erwerbsarbeit nachgehen mussten, konnten sich der Wissenschaft und der Unterhaltung widmen. Die Philosophie, die Mathematik und die Naturwissenschaften der Antike waren über Jahrhunderte bestimmend und stellen auch heute noch vielfach die Basis des jeweiligen Wissensgebietes dar.

Von 300 v. Chr. – 300 n. Chr. war Rom das Zentrum der Antike. Rom übernahm vieles von Griechenland, wurde aber zu einer imperialen Macht, welche die demokratischen Errungenschaften einbüßte und sich einem Cäsar unterwarf. Innovativ war Rom im Tief- und Straßenbau und in der Anwendung der Gewölbetechnik.

3.1 Griechenland

Archaische Zeit 7. Jh. – 6. Jh. v. Chr.
Hölzerne Ringhallentempel, Entwicklung der dorischen Tempel aus Stein, Olympia, Paestum.

Klassische Zeit 5. Jh. – 4. Jh. v. Chr.
Regelhafter Städtebau z.B. Milet, Großbauten der Akropolis, ionische Tempel, Gymnasion, konzentrische Theater.

Hellenismus 336 – 86 v. Chr.
Von Alexander dem Großen bis zur römischen Eroberung. Geschlossene Plätze, Großbauten, Schule von Pergamon, Bibliotheken, Museen, eklektizistischer Mischstil.

Wohn- und Städtebau in Griechenland

Das griechische Wohnhaus baute teilweise auf dem bereits in mykenischer Zeit entstandenen **Megaron** auf. Dieses bestand aus einem rechteckigen Hauptraum mit einer Säulenhalle als Vorraum. Dies sollte der Grundtyp des griechischen Tempels werden. Der städtischen Situation entsprechender war aber das unregelmäßig um einen Hof gruppierte Haus, wie in Kreta. Diese Bauform konnte auch durch Erweiterungen eines Megaron entstanden sein. So entwickelte sich der Grundtyp des mediterranen Hofhauses mit einem umlaufenden Säulengang im Hof. Ursprünglich waren die Häuser Athens sehr einfach aus Lehm gebaut und mit geneigten Dächern versehen. Die Gassen waren nicht befestigt und sanitäre Anlagen gab es nicht.

Die griechischen Städte waren der Landschaft entsprechen unregelmäßig. Neben dem Tempelbezirk besaßen sie ein weltliches Zentrum – die **Agora**, den Versammlungs- und Marktplatz.

Mit dem Bevölkerungswachstum wurde die Bebauung der Städte dichter und die hygienischen Zustände wurden schlechter. Deshalb setzte eine Auswanderung nach Sizilien, Italien und Kleinasien ein. Anders als die gewachsenen Städte Griechenlands wurden die **Kolonialstädte**

Athen, Akropolis

Megaron Pirene, Wohnhaus 4. Jh. v. Chr.

Delos, Wohngebiet und Wohnhaus 2. Jh. v. Chr.

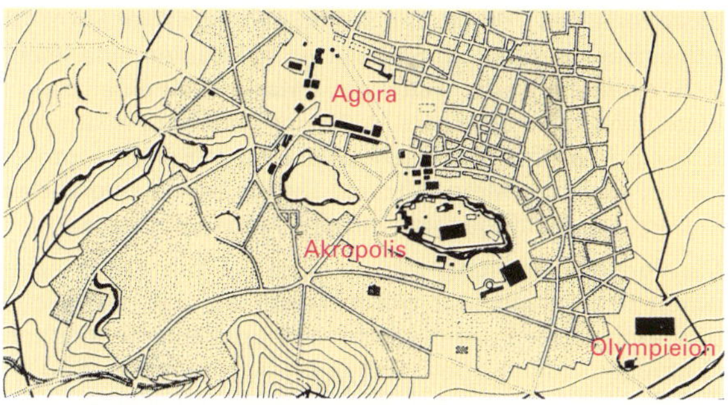

Athen, Stadtplan, öffentliche Gebäude schwarz 5. Jh. v.Chr.

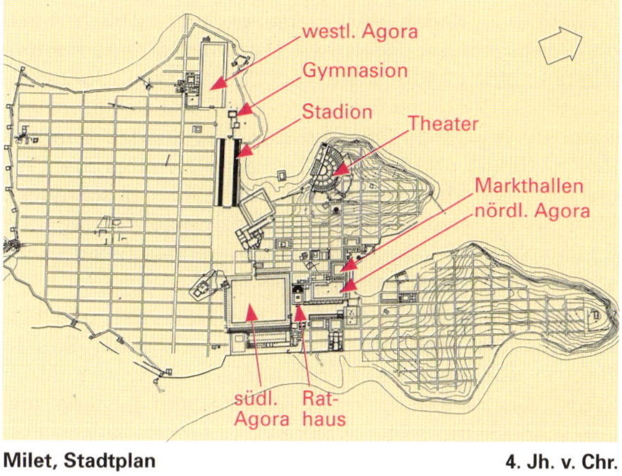

Milet, Stadtplan 4. Jh. v. Chr.

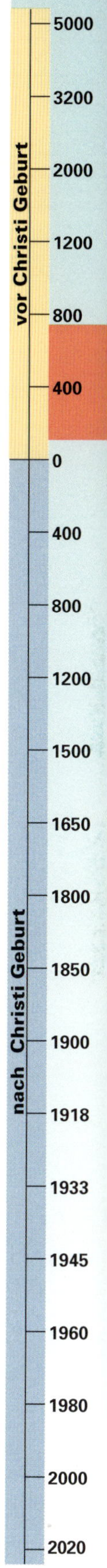

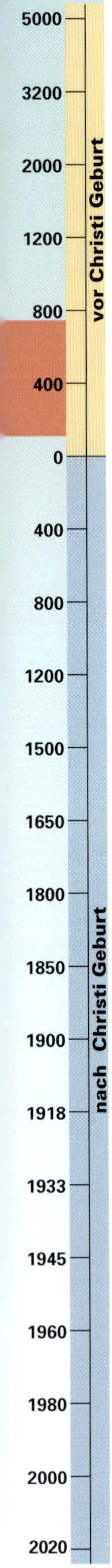

planmäßig errichtet. Beispiel dafür ist **Milet**, eine Hafenstadt in Kleinasien, die vom Städteplaner Hippodamos von Milet in einem rechtwinkeligen Rastersystem angelegt wurde. Im Zentrum führte eine breite Prachtstraße von der Bucht vorbei am Rathaus und dem Nymphäum zur südlichen Agora, die von mehrschiffigen Hallen umgeben war. Plätze für öffentliche und religiöse Einrichtungen und Wohngebiete wurden ausgewiesen. Dieses Modell sollte über Jahrtausende für geplante Städte typisch bleiben.

Tempel

Die Griechen hatten viele Göttinnen und Götter, die in ihrer Vielfalt die Gesellschaft widerspiegelten. Der Totenkult hingegen war bescheiden. Die Bestattung erfolgte in Erdgräbern oder als Feuerbestattung auf Friedhöfen außerhalb der Stadt ohne aufwendige Grabbauten.

Die ursprüngliche Form des Tempels ist vom Megaron-Wohnhaus abgeleitet. Hinter einer säulengestützten Vorhalle befand sich die **Cella** mit dem Götterbild. Später standen die Säulen der Vorhalle frei oder wurden beiderseits der Cella angeordnet, wie beim Nike-Tempel auf der Akropolis. Die Cella konnte von einem Säulengang umgeben sein, wie beim Parthenon in Athen, oder von einer doppelten Säulenreihe (Dipteros). Des Weiteren gab es auch Rundtempel. Die Konstruktion war ursprünglich aus Holz, später, wegen der Dauerhaftigkeit, aus Stein. Dabei wurde die Konstruktionsweise des Holzbaus nachgebildet.

Tempel befanden sich meist in einem ummauerten Tempelbezirk, der durch einen Torbau, die **Propyläen**, betreten wurde. Sie wurden immer an besonderen Orten mit Bezug zur Landschaft errichtet, daher waren sie nicht streng nach den Himmelsrichtungen ausgerichtet.

Wegen der klaren Einfachheit ihrer Formensprache, der ausgewogenen Proportionen und der raffinierten Detaillierung waren die griechischen Tempel über Jahrtausende gestalterisches Vorbild. Die streng geometrische Form ist keineswegs geradlinig. So besitzen die Säulen eine leichte Schwellung in der Mitte, die **Entasis**, weil eine gerade Erzeugende zu starr wirkte. Auch das Podest ist in der Mitte leicht überhöht. Der Säulenabstand am Rand ist immer kleiner als in der Mitte. All diese Details bewirken erst den äußerst regelmäßigen und ausgewogenen Eindruck.

Die **dorische Ordnung** war die älteste Form der griechischen Ordnungen und wurde später als das männliche und archaische Prinzip verstanden und entsprechenden Gottheiten zugeordnet. Die eher gedrungenen Säulen standen ohne Basis auf dem Podest und wiesen eine starke Entasis auf. Der Schaft war mit halbrunden Vertiefungen, den **Kanneluren**, versehen und schloss nach oben mit mehreren Ringen ab. Das wulstförmige **Kapitell** leitete in eine quadratische Abdeckplatte über. Über dem glatten Gebälk befanden sich die mit drei Schlitzen versehenen **Triglyphen**, die die Balkenköpfe des querlaufenden Gebälks darstellten. Die Felder zwischen den Triglyphen, die **Metopen,** waren mit Reliefs geschmückt. Über dem Triglyphenfries befand sich eine auskragende Gesimsplatte. Ein ebensoweit auskragendes Gesims umschloss das **Tympanon**, die Giebelfläche.

Die **ionische Ordnung** stammte aus Kleinasien und verkörperte das weibliche Prinzip. Die schlanken Säulen standen auf einer Basis, die Kanneluren waren durch Stege voneinander getrennt. Das Kapitell bestand aus den schneckenförmigen **Voluten** und einem flachen Polster. Die Voluten sind nur in der Frontalansicht sichtbar,

Athen, Akropolis 4. Jh. v. Chr.

Athen, Akropolis, Parthenon um 440 v. Chr.

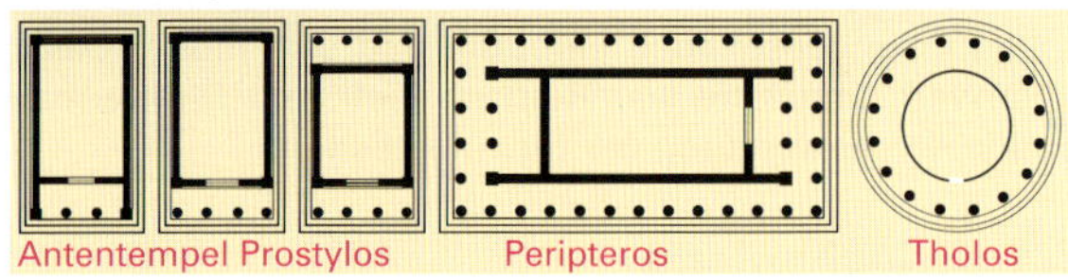

Grundrissformen griechischer Tempel

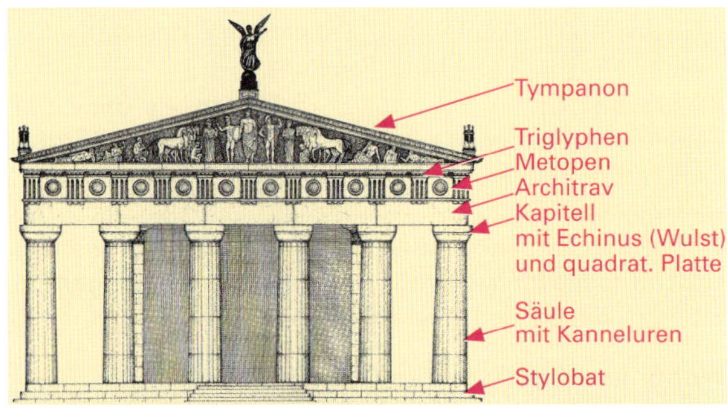

Dorische Ordnung: Zeustempel Olympia

Selinunt, Tryglyphen und Metopen

Agrigent, Concordiatempel

Athen, Nike-Tempel, 420 v. Chr.

Ionische und korinthische Ordnung

weshalb an den Ecken einander in der Diagonale berührende Voluten eingesetzt werden. Das Gebälk wird durch drei übereinanderliegende, ein wenig vorkragende Balken gebildet. Darüber befindet sich ein durchlaufender Figurenfries oder, in der kleinasiatischen Form, eine Reihe kleiner Balkenköpfe, der Zahnschnitt.

Beim **Erechtheion** auf der Akropolis in Athen sind die Säulen der südlichen Vorhalle durch weibliche Statuen, die Karyatiden oder **Koren** ersetzt. Der Tempel ist ein unregelmäßiger Bau, der verschiedene Kultstätten, die auf unterschiedlichen Höhen lagen, vereinte.

Die korinthische Ordnung entwickelte sich als Variante der ionischen mit neuer Kapitellausbildung. **Akanthusblätter** leiten in Voluten über, die einander an der Ecke berühren. Damit ergeben sich allseitig gleiche Ansichten, weshalb sich das Bauprinzip rasch verbreitete.

Es standen somit verschiedene gestalterische Ordnungen zur Verfügung, die der Bedeutung des jeweiligen Bauwerkes entsprechend eingesetzt wurden. In der **hellenistischen Epoche** werden sie zunehmend als Dekorationselemente einer pompösen Architektur verwendet. Der strenge Formenkanon wurde verlassen, die Baukörper komplexer, wie beim **Zeusaltar** in **Pergamon**.

Öffentliche Bauten

Die Wohnverhältnisse in Griechenland waren bescheiden, die öffentlichen Bauten umso bedeutender. Hier war der Platz für Diskussion, Austausch, Bildung und Unterhaltung. Die Stadt war der Wohnraum des griechischen Bürgertums und deshalb sorgfältig ausgestattet.

Die **Stoa** war eine lange, einseitig offene Säulenhalle an der Seite der Agora, die als Treffpunkt, Ladenstraße und Ausstellungshalle diente. Das Rathaus, **Buleuterion**, das Versammlungsgebäude der Bürgerschaft, war in archaischer Zeit als langrechteckiger Säulensaal ausgebildet. Ab Ende des 5. Jh. wurden quadratische Bauwerke mit ansteigenden Sitzreihen wie im Theater errichtet. Hölzerne Säulen stützten eine Dachkonstruktion aus Holz.

Das **Gymnasion** diente der körperlichen und geistigen Ertüchtigung. Das Zentrum bildete die **Palaistra**, ein quadratischer Hof mit einem Säulenumgang, zu dem sich die Übungs- und Klassenräume öffneten. Außerhalb befanden sich Laufbahnen und Übungsplätze.

Bibliotheken sind im Hellenismus entstanden und wahrscheinlich dafür verantwortlich, dass die geistigen Errungenschaften der Antike über Jahrtausende bewahrt wurden und für nachfolgende Kulturen bestimmend waren.

Das **Theater** war ursprünglich um eine kreisrunde Orchestra, die Bühne, halbkreisförmig in Sitzstufen angeordnet. Es war in die Landschaft eingepasst, die Sitzstufen folgten der natürlichen Hügelform. Das Bühnenhaus, die **Skene**, war der Hintergrund der Bühne und wurde erst in späterer Zeit ins Bühnengeschehen einbezogen. In Delphi war das Theater Teil des heiligen Bezirkes, an anderen Orten war es Teil der Stadt.

- **Geplante Städte mit rechtwinkligem Straßenraster**
- **Öffentliche Bauten der Bürgerschaft, Versammlungshallen, Rathaus, Theater, Bibliothek, Gymnasion, Sportstätten**
- **Steinbau mit Stützen und Balken**
- **Einfache, klare Formen, überlegte Proportionierung**
- **Dorische, ionische und korinthische Ordnung**

Athen, Akropolis, Erechtheion mit Korenhalle **um 410 v. Chr.**

Athen, Olympieion, 2. Jh. v. Chr., römisch vollendet 134 n. Chr.

Pergamon, Zeusaltar, Pergamonmuseum Berlin **2. Jh. v. Chr.**

Athen, Stoa, 1956 rekonstruiert **2. Jh. v. Chr.**

Delphi, Theater **4. Jh. v. Chr.**

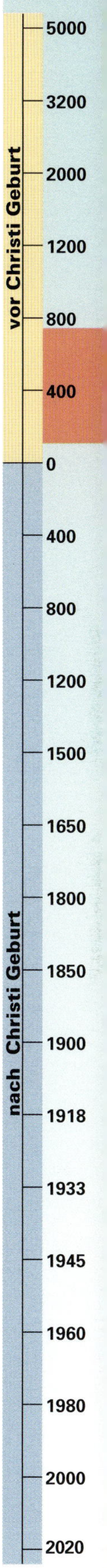

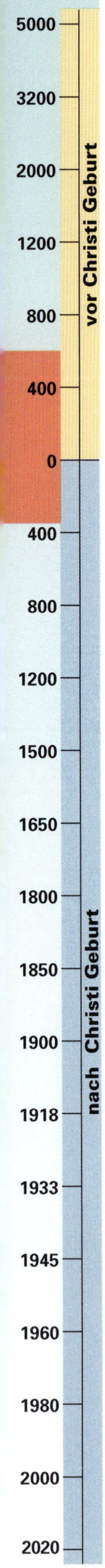

3.2 Rom

Das Römische Reich entstand ab dem 6. Jh. v. Chr. in Italien unter Zurückdrängen der Etrusker und Griechen, deren kulturelle Errungenschaften übernommen wurden. Mit den Punischen Kriegen im 3. Jh. v. Chr. begann die Vorherrschaft im Mittelmeerraum. Im 1. Jh. v. Chr. breitete sich das Imperium nach Gallien aus und erreichte unter Kaiser Trajan im 2. Jh. n. Chr. seine größte Ausdehnung.

Bis zum Ende des 1. Jh. v. Chr. war Rom eine Republik, die nach Aufständen und Bürgerkrieg in einer Diktatur unterging und zur Monarchie wurde. Im Jahre 395 wurde das Reich geteilt. Das Weströmische Reich existierte bis 476, das Oströmische Reich mit der Hauptstadt Konstantinopel hielt sich mit großem Verlust an Einfluss und Größe, bis es 1453 an die Osmanen fiel.

Die Baukunst der Römer kann als Fortsetzung des Hellenismus gesehen werden. In Kleinasien gab es einen direkten Übergang, wie beim Theater in Ephesos oder beim Gymnasium in Sardes, die zu griechischer Zeit begonnen, aber in römischer Zeit vollendet wurden.

Die Kunst des Gewölbebaues übernahmen die Römer von den Etruskern, verfeinerten sie aber bis zur eigenständigen Entwicklung des Kuppelbaus, der bei den Thermen und beim Pantheon zur Hochblüte gelangte. Kuppeln sowie Wasserleitungen oder andere Anlagen des Tiefbaus wurden aus **opus caementicium** hergestellt, einem Vorläufer des heutigen Betons.

Um das gigantische Reich, das in seiner größten Ausdehnung u.a. den gesamten Mittel- und Schwarzmeerraum, den Balkan, Frankreich, die britischen Inseln bis zur Grenze nach Schottland (Hadrianswall) und große Teile West- und Süddeutschlands bis zum Limes umfasste, kontrollieren und versorgen zu können, wurden überregionale Straßen angelegt. Sie waren gut gepflastert und verliefen möglichst geradlinig ohne Steigungen. Die um 310 v. Chr. erbaute Via Appia führte von Rom nach Brindisi und verlief über ein Teilstück von 62 km Länge schnurgerade.

Wohn- und Städtebau im Römischen Reich

Rom war als gewachsene Stadt auf sieben Hügeln der Topographie entsprechend nicht planmäßig angelegt. Neugegründete Städte, wie **Timgad** in Algerien oder **Militärlager**, aus denen später Städte hervorgingen, wie **Vindobona**, das heutige Wien, verfügten über ein rechtwinkliges Straßensystem mit einem mittigen Straßenkreuz aus dem nord-süd-verlaufenden **Cardo** und dem **Decumanus** in Ost-West-Richtung. In der Nähe dieser Kreuzung lag das **Forum**, das als gesellschaftliches Zentrum und Marktplatz diente. Die gepflasterten Straßen wiesen erhöhte Gehwege entlang der Häuserfronten auf und erhöhte Trittsteine, um bei Regen die überfluteten Straßen überqueren zu können. Die Städte waren mit Trinkwasserleitungen, Brunnen und öffentlichen Bedürfnisanstalten, die an ein Kanalsystem angeschlossen waren, ausgestattet. Dort saß man in geselliger Runde ohne die jetzt übliche Trennung in einzelne Zellen.

Wohlhabende römische Bürger wohnten in einem **Atriumhaus**. Die Räume öffneten sich zu einem zentralen Hof, nach außen war das Haus weitgehend geschlossen. Im Zentrum des Atriums befand sich ein Wasserbecken, das Impluvium. Noch reichere Bürger lebten in einem **Peristylhaus**, einem um einen Gartenhof mit Säulenumgang erweiterten Atriumhaus.

Weniger Wohlhabende wohnten in Häusern auf schmalen

Rom, Forum Romanum Säulen des Saturntempels, 500 v. Chr.

Via Appia bei Minturno, 310 v. Chr.

Timgad

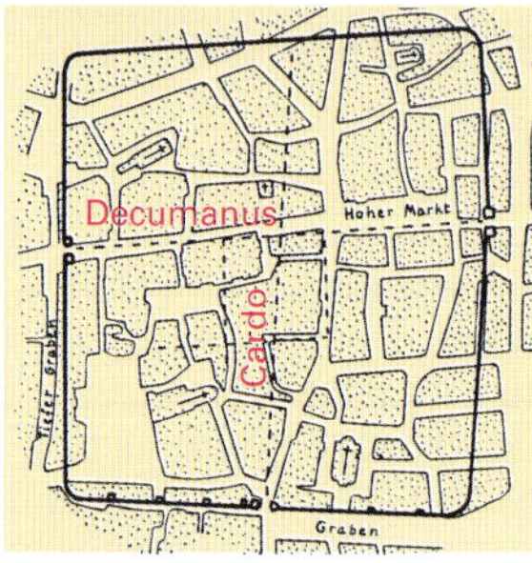

Vindobona

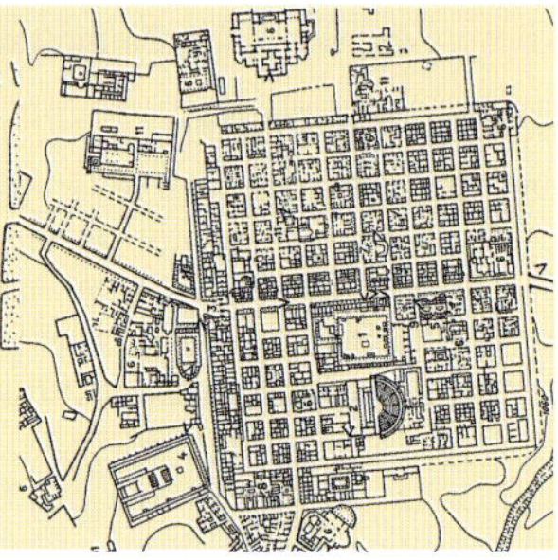
Timgad

Pompeji, Wohnhaus

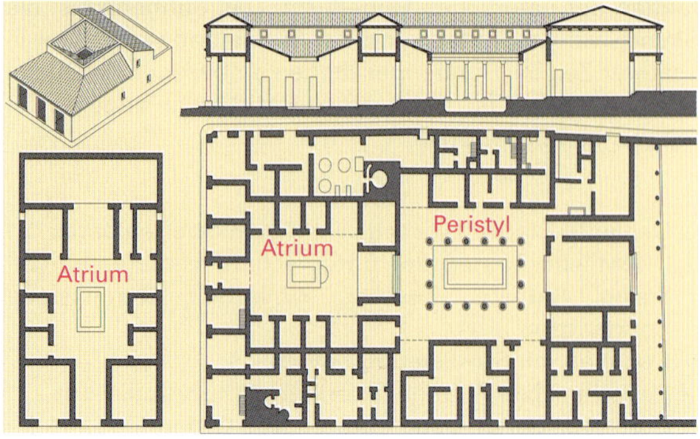

Pompeji, Atriumhaus, Haus des Pansa, Peristylhaus, 2. Jh. v. Chr.

Grundstücken, bei denen das Atrium zu einem engen Lichthof wurde. Die ärmeren Schichten der Bevölkerung lebten in mehrstöckigen Mietskasernen, den **Insulae**, mit nur einem Brunnen und einem Abort im Hof. Im Erdgeschoss befanden sich zur Straße hin Läden, im ersten Stock wohnten die Wohlhabenderen, oben waren die Kammern der Armen.

Öffentliche Bauten

Das **Forum Romanum** war als Zentrum Roms eine Ansammlung von öffentlichen Bauten, Tempeln und Monumenten, darunter einer **Basilika**, die als Markt- und Versammlungshalle diente. Daran anschließend befanden sich die **Kaiserforen** mit streng achsialer Architektur und die um Gartenhöfe angelegten **Kaiserpaläste**.
Zu jeder römischen Stadt gehörte ein **Theater**, das halbkreisförmige Sitzreihen aufwies, und ein **Amphitheater** für Gladiatorenkämpfe mit elliptischem Grundriss.
Das **Kolosseum** in Rom, 72 – 80 n. Chr. erbaut, bot 50000 Zuschauern Platz. Durch 80 Eingänge konnte das Amphitheater in wenigen Minuten gefüllt und entleert werden. Wurde der Holzboden entfernt, konnten die Kellerräume zum Nachstellen von Seeschlachten geflutet werden. Die Fassade mit Halbsäulen in den drei griechischen Ordnungen bestand aus Travertin, im Inneren war der 156 mal 188 m große und 49 m hohe Bau aus Tuff und Ziegeln errichtet. Wagenrennen wurden im **Circus** veranstaltet. Der Circus Maximus in Rom war 600 m lang und fasste 250000 Zuschauer.
Die **Thermen** waren Badeanlagen mit Reinigungsbecken, warmen und kalten Bassins sowie Schwitzbädern, Massage- und Gesellschaftsräumen. Die Bassins waren überdeckt, teilweise mit Kreuzgewölben oder Kuppeln bis zu 35 m Durchmesser. Die notwendigen Wasserleitungen wurden mit Aquädukten über Täler geführt. Der **Pont du Gard** diente der Wasserversorgung von Nîmes.
Zu Ehren erfolgreicher Feldherren wurden Siegessäulen errichtet, wie die **Trajanssäule** in Rom, oder Triumphbögen, wie der **Konstantinsbogen** in Rom.

Tempel

Tempel wurden zum Großteil nach griechischem Vorbild errichtet, wie der **Saturntempel** auf dem Forum Romanum, der um 500 v. Chr. errichtet wurde und als zweitältester Tempel Roms gilt. Später wurden durch den Einsatz von Gewölben und Kuppeln eigenständige Formen entwickelt. Das **Pantheon** in Rom ist ein Kuppelbau über kreisförmigem Grundriss. Die lichte Höhe der Kuppel entspricht mit 43,6 m dem Durchmesser. Die Kuppel ist mit radialen und horizontalen Rippen in Kassetten unterteilt. Zur Belichtung befindet sich am Scheitel der Kuppel eine runde Öffnung mit 9 m Durchmesser. Die Wände sind abwechselnd mit halbrunden und rechteckigen Nischen gegliedert, deren Öffnungen mit korinthischen Säulen gestützt werden. Außen ist das Gebäude bis auf den später hinzugefügten Säulenvorbau geschlossen.

- **Atriumhaus, Amphitheater, Thermen, Basilika,**
- **Triumphbogen, Aquädukt, gepflasterte Straßen**
- **Gewölbe- und Kuppelbau**
- **Hydraulische Bindemittel, Ziegelbau**

Die Bauten der klassischen Antike sind wegen ihrer einfachen, klaren Formensprache und der aus strukturellen Notwendigkeiten entwickelten verfeinerten Stilelemente für die gesamte europäische Baukunst prägend. Sie wurden in der Renaissance und im Klassizismus wiederentdeckt und neu interpretiert.

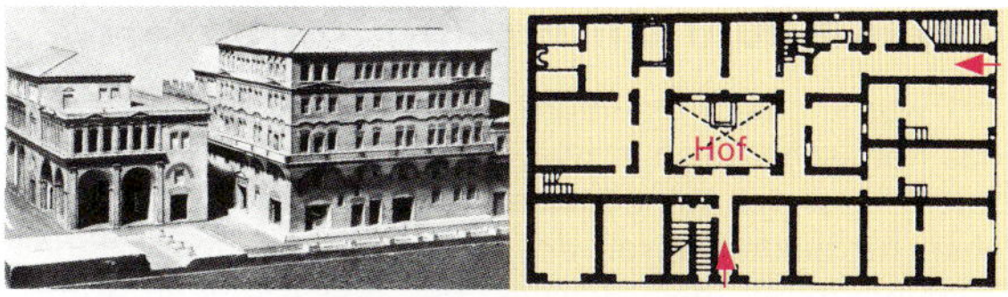

Ostia, Insulae, Rekonstruktion und Grundriss 2. Jh. v. Chr.

Rom, Kolosseum 80 n. Chr.

Pont du Gard 1. Jh. n. Chr.

Herculaneum 79 n. Chr.

Rom, Basilika Ulpia 110 n. Chr.

Konstantinsbogen 312 n. Chr.

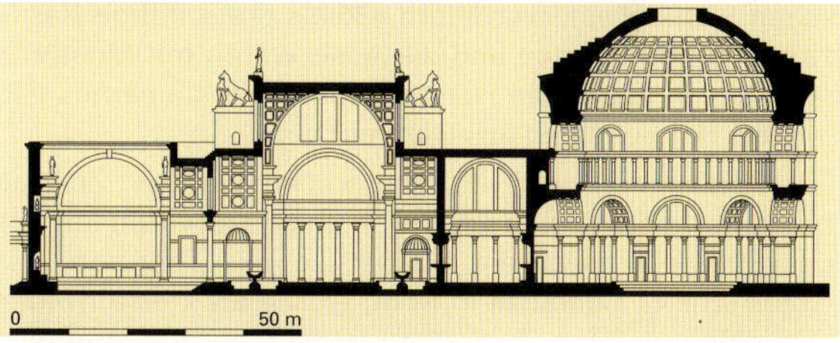

Rom, Caracallathermen, Schnitt 206 n. Chr.

Rom, Pantheon, Stich von Piranesi (1748) 27 n. Chr.

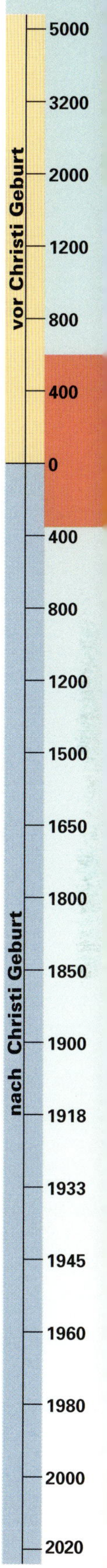

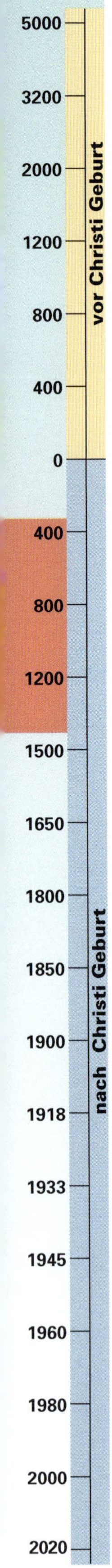

4 Nach dem Untergang Roms

391 wurde das Christentum Staatsreligion und 395 zerfiel das Römische Reich in zwei Teile. Aus der zeitlichen Koinzidenz lässt sich keine Kausalkette ableiten, aber die Ursachen für beides waren der schwächer werdende innere Zusammenhalt des Reiches bei gleichzeitigen Bedrohungen und Verlusten an den Rändern des überdehnten Imperiums. **Byzanz** wurde als **Konstantinopel** Hauptstadt des **Oströmischen Reiches**, während das Westreich in Kämpfen mit den Germanen unterging. Im 6. Jh. wurde Italien vom Byzantinischen Reich zurückerobert und **Ravenna** zum Sitz des Stadthalters. Das Erstarken des Islam führte zu einem Machtverlust des Byzantinischen Reiches, bis Konstantinopel 1453 an die Osmanen fiel. Viele wissenschaftliche und kulturelle Errungenschaften der Antike wurden im Islam bewahrt und angereichert und gelangten über die maurische Herrschaft in Spanien (711 – 1492) wieder nach West- und Mitteleuropa.

4.1 Frühchristliche Bauten

Das Christentum, seit 313 im Römischen Reich geduldet und ab 391 Staatsreligion, benötigte nun repräsentative Kultbauten. Man griff auf die Bauform der **Basilika**, die in Rom als Markt- und Versammlungshalle diente, zurück. Das Mittelschiff war höher als die Seitenschiffe und konnte so über Fenster im Obergaden, der Wand, die über das flache Pultdach des Seitenschiffes ragt, belichtet werden. Den östlichen Abschluss des Hauptschiffes bildete eine halbrunde, überwölbte **Apsis** mit dem Altar. Der hölzerne Dachstuhl war sichtbar oder mit Kassetten verkleidet.

Noch zu römischer Zeit unter Kaiser Konstantin, im Jahre 335, wurde die erste **Grabeskirche** in **Jerusalem** erbaut, allerdings 1009 zerstört und 1055 wieder errichtet. Der ursprüngliche Bau bestand aus einer Basilika, einem Hof und einer Rotunde um das heilige Grab. Zur selben Zeit wurde in **Bethlehem** die **Geburtskirche** als fünfschiffige Basilika errichtet und in folgender Zeit mehrmals verändert.

S. Sabina in **Rom**, deren Mittelschiff auf antiken korinthischen Säulen ruht, wurde um 430 als dreischiffige Basilika erbaut. Die Wände und die Apsis waren mit Mosaiken reich geschmückt. Die Fenster wiesen ein steinernes Gitterwerk mit Scheiben aus Glimmer auf.

Für Taufkirchen und Märtyrergräber wurden Zentralbauten errichtet. Auch dafür gab es antike Vorbilder, wie das Pantheon oder die Kuppelsäle der Thermen. Die Grabkirche **S. Costanza** in **Rom**, wurde als kreisförmiger, kuppelüberwölbter Zentralbau errichtet. Eine doppelte Säulenreihe trennte den Zentralraum vom tonnengewölbten Umgang. Die Belichtung erfolgte wie bei einer Basilika durch Fenster im Kuppeltambour oberhalb des Umganges. Die wegen des Gewölbeschubes sehr dicken Außenmauern wurden mit Nischen gegliedert.

- **Basilika, gewölbte Apsis, hölzernes Dach**
- **Zentralbauten**

4.2 Byzanz

Die Stadt war mit einer doppelten Stadtmauer gegen die Landseite geschützt. Mit Ketten konnte Schiffen der Zugang zum Bosporus versperrt werden. Damit galt die Stadt lange als uneinnehmbar. Um lange Belagerungen zu überstehen, gab es große Zisternen, wie den 138 mal 65 m großen **Versunkenen Palast** mit seinem Gewölbe auf 28 m hohen Säulen.

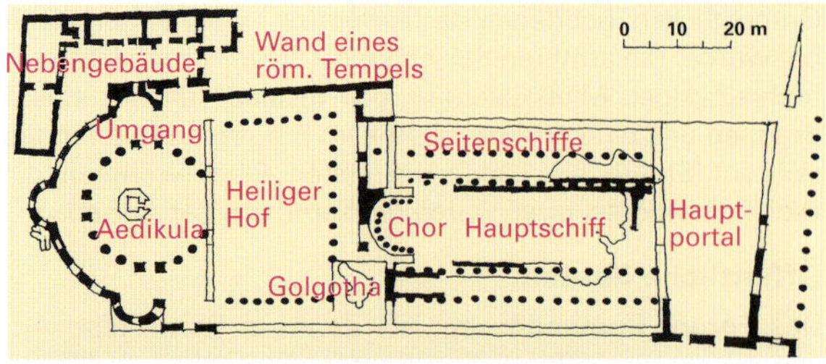

Jerusalem, Grabeskirche, Rekonstruktion des Urbaus 335

Rom, S. Sabina auf dem Aventin 422 – 432

Rom, S. Costanza um 330

Byzanz, Versunkener Palast

Byzanz, Hagia Sophia 532 – 537

In der Blütezeit unter Kaiser Justinian wurde 532 – 537 die **Hagia Sophia** errichtet. An die zentrale Kuppel schließen ost- und westseitig kuppelüberwölbte Rundnischen (Konchen) an, die wieder kleinere Konchen aufweisen. So wird der Zentralbau zum gerichteten Bau erweitert. Belichtet wird der Raum von einer Reihe von Fenstern am jeweiligen Kuppelfuß. Innen ist sie reich mit Mosaiken geschmückt, von außen eher schmucklos.

Im 6. Jh. wurde in Byzanz über einer Grabkirche Kaiser Konstantins die Apostelkirche errichtet. Mit einem kreuzförmigen Grundriss, einer Zentralkuppel und vier weiteren Kuppeln über den Armen des gleicharmigen griechischen Kreuzes wurde sie zum Vorbild für viele Bauten im Osten. Dazu zählen die Johanneskirche in Ephesos aus dem 6. Jh., die **Markuskirche** in **Venedig** aus dem 11. Jh. Auch die meisten Kirchen der Orthodoxie basieren auf der Apostelkirche, wie zum Beispiel die Uspenskij-Kathedrale von 1475, die älteste im Moskauer Kreml.

In der byzantinischen Provinz **Ravenna** entstand 549 die dreischiffige Basilika **S. Apollinare in Classe**. Außen ist sie aus einfachem Ziegelmauerwerk aus schmalen Steinen errichtet, die Säulen zwischen den Schiffen sind aus Marmor mit byzantinischen Kapitellen. Die Mosaike am Boden und die kassettierte Holzdecke sind nicht mehr erhalten. Der Campanile (Glockenturm) wurde erst im 10. Jh. hinzugefügt. Auch der Zentralbau von **S. Vitale** von 547 ist mit seiner Ziegelfassade außen eher schmucklos. Über einem Achteck mit Konchen ruht die Kuppel, die mit einem Emporenumgang versehen ist. Innen ist die Kirche reich mit Mosaiken geschmückt.

In **Armenien** wurde das Christentum 301 zur Staatskirche, wodurch es zu einer Blüte des Kirchenbaus kam, deren Bauformen auf antike und byzantinische Vorbilder zurückgehen. Bei der Grabkirche der **Hripsime** in **Etschmiadsin**, vollendet 618, wurde eine Kuppel über einem kreuzförmigen Grundriss mit vier Konchen errichtet, eine Form, die sich in vielen Kirchen des Ostens wiederfindet.

- Kuppelbauten, Zentralbauten mit kreuzförmigem Grundriss

4.3 Islam in Spanien

Die islamische Zeitrechnung beginnt 622 mit der Auswanderung Mohammeds nach Medina. Danach breitete sich die Religion im vorderen Orient und Nordafrika bis nach Spanien rasch aus. Die Moscheen waren ursprünglich Säulenhallen mit einem Vorhof, später wurde der Kuppelbau der Hagia Sophia zum Vorbild. Durch die Reconquista, die christliche Rückeroberung der iberischen Halbinsel, wurden kulturelle und bautechnische Errungenschaften des Islam in Europa übernommen, wie die feine Steinmetzkunst der Gotik. Es wurden aber auch viele Kulturdenkmäler zerstört oder in christliche Kirchen umgebaut.

Die große **Moschee** von **Córdoba** wurde ab 784 erbaut und mehrmals erweitert. Die übereinanderliegenden Doppelbögen ruhten auf Säulen der Römerzeit. Im 16. Jh. wurde eine Kirche eingebaut.

Mit feinteiliger, nach kalligraphischen Motiven in den Stein geschnittener Ornamentierung gelangte die islamische Architektur in Spanien mit der **Alhambra** von **Granada** im 14. Jh. zur größten Prachtentfaltung. Die Alhambra war eine Festung mit Palästen und dem Regierungssitz, deren Hauptstück der Alcázar mit dem Thronsaal und dem Löwenhof darstellte.

- Geometrische, kalligraphische Ornamente in Stein

Byzanz, Hagia Sophia, Schnitt und Grundriss 532 – 537

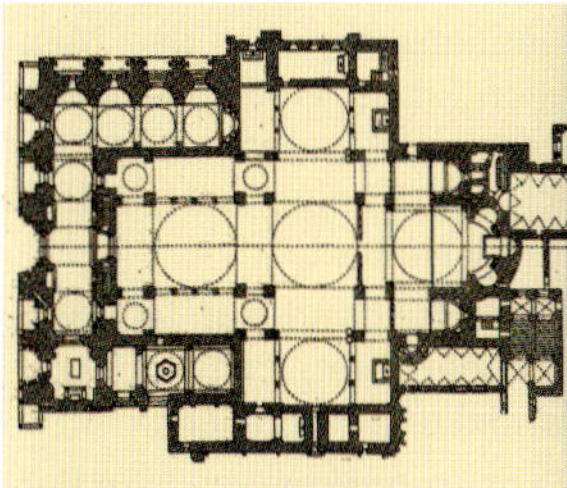

Venedig, Markuskirche

Moskau, Uspenskij-Kathedrale

Ravenna, S. Apollinare in Classe 549

Ravenna, S. Vitale 522 – 547

Etschmiadsin, Hripisme 618

Córdoba, Moschee 784 – 987

Granada, Alhambra 14. Jh.

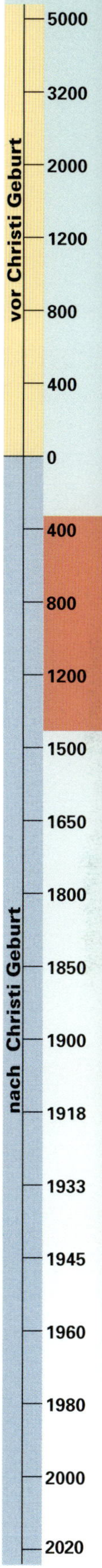

5 Mittelalter

Das Mittelalter umfasst die Zeitspanne vom Ende der Völkerwanderung um 500 bis etwa 1500. Unter Karl dem Großen wurde in Westeuropa um 800 ein einheitliches Staatsgebilde geschaffen. Es war kein Zentralstaat wie Rom, sondern durch Lehen locker verbundene Fürstentümer, deren Herrscher in wehrhaften Burgen lebten.

Die einzige überregional bedeutsame Institution war die Kirche. Sie war geistiger Orientierungspunkt der Menschen, Verwalterin des kulturellen Erbes, einzig verbliebene Institution von Bildung und sozialem Engagement, aber auch weltliche Macht, der sich die Könige unterordnen mussten und der alle Bürger zu dienen hatten.

Die Wirtschaft war anfänglich weitgehend auf landwirtschaftliche Selbstversorgung ausgerichtet. Erst im Hochmittelalter entwickelten sich Handel und Handwerk.

Mit den Kreuzzügen, blutigen Eroberungskriegen, kam Europa mit der islamischen Welt in Berührung, in der Wissenschaft und Kunst, basierend auf der Antike, weit entwickelt waren. Dies führte zur Bildung erster Universitäten. Auch der Seehandel blühte auf und bildete für Venedig oder die Hansestädte die ökonomische Basis. Im Laufe des Spätmittelalters begannen sich die Bürger durch Bildung und Handel von der Macht der Kirche zu emanzipieren.

Klöster

In Ordensgemeinschaften konnten Mönche und Nonnen ein Leben führen, das von der rauen Außenwelt wenig berührt war, um sich der Spiritualität, aber auch sozialem und kulturellem Engagement zu widmen. Klöster waren auch die Vorposten der Mission, mit denen Gebiete für den Glauben erobert wurden. Sie funktionierten als autarke Gemeinschaften mit eigenen Regeln und mit eigenständiger Versorgung durch landwirtschaftliche und handwerkliche Güter und waren nach außen, wie eine Stadt, mit einer Mauer abgeschlossen.

Klöster waren neben Missionsstationen auch Zentren der landwirtschaftlichen Versorgung, Gasthäuser für reisenden Adel und durchfahrende Krieger, Schulen, Spitäler und Zentren der Wissenschaft. Im byzantinischen Raum, wo die Klöster auf St. Basilius zurückgehen, waren sie Wohngemeinschaften eigenständig lebender Mönche, die nur zu gemeinsamen Mahlzeiten und Gottesdiensten zusammenkamen, weshalb das Kloster am Berg Athos wie ein gewachsenes Dorf aussah.

Die **Benediktiner** hatten eine wesentlich strengere Ordensregel, bei der der gesamte Tag durchstrukturiert war und fast alles gemeinschaftlich unter der strengen Aufsicht des Abtes betrieben wurde. Ihre Klöster waren daher die Umsetzung der Ordensregel in Bauwerke. Der Idealplan von **St. Gallen** aus 820 wirkt wie der Plan eines utopischen Städteplaners, der jeder Tätigkeit ihren Bereich zuordnete. Alles Notwendige, wie Wasser, Mühle, Gärten und Werkstätten sollte innerhalb der Klostermauern vorhanden sein. Der Bedeutung der Tätigkeit entsprechend wurden die Gebäude baulich hierarchisch abgestuft. An erster Stelle kam der Gottesdienst und damit die Kirche, danach der **Kapitelsaal**, in dem die Mönche die Heilige Schrift und die Ordensregeln studierten, danach das **Refektorium**, wo sie bei gemeinsamen Mahlzeiten Lesungen aus der Heiligen Schrift lauschten.

Die ältesten Benediktinerklöster in Deutschland entstanden auf der Insel Reichenau 724, in Hersfeld 769 und Fulda 791.

Nürnberg, Stadtansicht Stich aus dem 16. Jh.

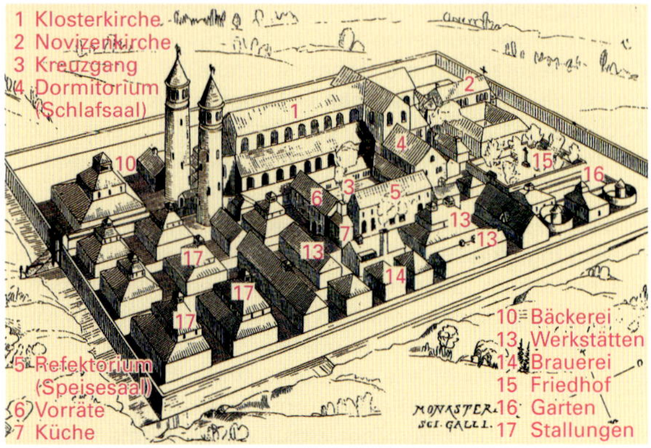

St. Gallen, Idealplan eines Benediktinerklosters 820

Kloster Fulda, Grabeskirche St. Michael 820, Anbauten 11. Jh.

Kloster Cluny, Burgund, Frankreich 11. Jh.

Reichenau, Klosterkirche 11. Jh.

Im 11. Jh. war das Kloster **Cluny** im Burgund das größte und bedeutendste des Abendlandes. Cluny besaß keine landwirtschftlichen Flächen innerhalb der Klostermauern, sondern betrieb Pachthöfe. Vom Kloster **Hirsau** im Schwarzwald wurde die cluniazensische Reform auf viele Benediktinerklöster in Deutschland übertragen.

Die **Zisterzienser** konzentrierten das gesamte Mönchsleben um den Kreuzgang, weshalb das Kloster, das immer im Tal an einem Gewässer errichtet wurde, ein kompaktes, strenges und klares Gebäude darstellte, wie in **Maulbronn**, das 1147 gegründet wurde. Hier kann man die Stilentwicklung von der Romanik bis zur Spätgotik verfolgen. In der Zeit der Gotik entstanden Klöster der Franziskaner und Dominikaner, am Beginn der Neuzeit die der Jesuiten.

Frauenstifte wurden zur Versorgung unverheirateter adeliger Damen eingerichtet. **Quedlinburg**, ursprünglich eine Burg, später zur königlichen Pfalz erweitert, wurde 936 als Frauenstift gegründet. Die Stiftskirche in der heutigen Form wurde 1129 vollendet. Auch das Sift **Gernrode** mit seiner Stiftskirche St. Cyriakus stammt aus dem 10. Jh, die Westapsis und die Türme von 1130.

Burgen

Wie schon in Mesopotamien war die Verteidigungsanlage, die Burg, häufig das Kernstück der Siedlungsentwicklung. Burgen waren die Wohnsitze der lokalen Herrscher, dienten aber auch als Schutz für die Bevölkerung der umliegenden Siedlungen. Sie waren mit Mauern umgeben und auf einem Hügel oder von einem Wassergraben geschützt und damit schwer einnehmbar. Bei Belagerungen boten sie der umgebenden Bevölkerung Platz und waren durch eigene Brunnen oder Zisternen, Magazine und Stallungen für lange Zeit unabhängig.

Innerhalb der Burg befand sich der **Bergfried**, ein Verteidigungsturm, der die letzte Rückzugsmöglichkeit darstellte und häufig die Wohnräume der Herrschaft enthielt, wenn sie nicht in einem eigenen **Palas** untergebracht waren. Es gab eine Kapelle, Wohnungen für Bedienstete und Knechte sowie Wirtschaftsräume. Mehrere Mauerringe mit Verteidigungstürmen, umlaufenden Gängen mit Schießscharten, Pechnasen und Zugbrücken schützten die Burg. Abwässer wurden vom auskragenden Aborterker direkt in den Burggraben entsorgt.

Die mittelalterliche Stadt

Um eine Burg oder ein Kloster, geschützt durch die Stadtmauer, entwickelten sich die Städte. Die Freiheit der Bürger von Leibeigenschaft und das Recht Markt abzuhalten förderten Handel und Wohlstand. Anfänglich war innerhalb der Mauern Platz für Gärten und landwirtschaftliche Flächen. Mit dem Wachstum der Bevölkerung wurden diese Flächen im späteren Mittelalter zunehmend bebaut. Die große Dichte an Menschen und die fehlende Abwasserentsorgung führte zu immer wiederkehrenden Seuchen.

Zentrum der Stadt waren die Kirche und der Marktplatz. Da die Stadt für Fußgänger konzipiert war, waren die Straßen schmal und selten geradlinig. Da sich die gesamte Gemeinde am Sonntag zur Messe zusammenfand, gab es Kirchen für Pfarrbezirke von einigen hundert bis tausend Menschen. Sie funktionierten wie Stadtteile mit eigenen Märkten, Läden und Werkstätten, sodass sich das städtische Leben des Bürgers in einem räumlich sehr begrenzten Umfeld abspielte.

Maulbronn, Kreuzgang **13. Jh.**

Maulbronn, Kreuzgang **13. Jh.**

Quedlinburg

Gernrode, St. Cyriakus

Burg Hornberg am Neckar

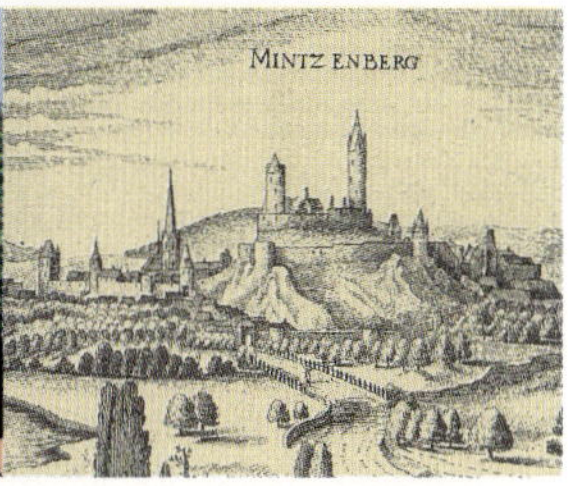

Burg Münzenberg, Ansicht 1620

Burg Münzenberg, 10. - 12. Jh.

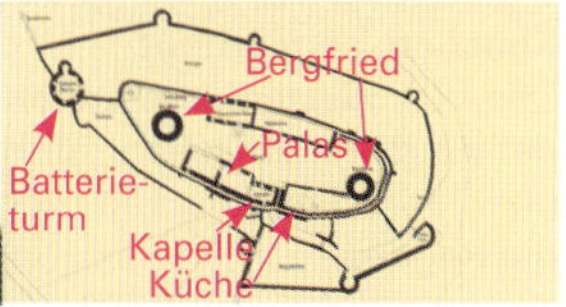

Grundriss

Worms, Stadtmauer

Rothenburg/Tauber, Stadtmauer

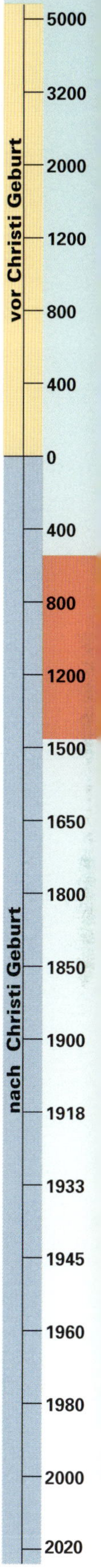

Die Häuser waren anfänglich Arbeitsplatz und Wohnstätte der Großfamilie einschließlich Mägden und Knechten, erst im Hochmittelalter entwickeln sich differenzierte Wohnhäuser mit einem privaten Wohnbereich. Auch wurden zunehmend prunkvolle Bürgerhäuser, Rathäuser, Schulen, Universitäten und Spitäler errichtet.

Frühmittelalterliche Bauten

Eines der wenigen baulichen Zeugnisse der frühmittelalterlichen Baukunst ist die **Pfalzkapelle** in **Aachen**, 798 an einem der wechselnden Wohnorte Kaiser Karls des Großen errichtet. Sie wurde zum Krönungsort der deutschen Könige. Baulich lehnte sie sich stark an das byzantinische Vorbild von S. Vitale in Ravenna an. Ein inneres Achteck ist von einem sechzehneckigen, zweigeschossigen Umgang umschlossen, dessen oberes Geschoss mit einer zweistöckigen Reihe aus antiken Säulen vom Zentralraum getrennt ist. Einige dieser Säulen stammen aus der Antike und wurden von Ravenna nach Aachen gebracht.

In der Vorromanik wurde in Klosterkirchen das **Westwerk** als Gastraum für den kaiserlichen Hofstaat errichtet. Über einem quadratischen Raum, der an drei Seiten von Emporen umgeben und dessen vierte Seite zum Kirchenschiff offen ist, befand sich ein Turm, der von zwei Treppentürmen flankiert wurde. Das Westwerk der Klosterkirche **Corvey** in Höxter wurde 885 geweiht, 1159 umgestaltet und ist als einziger vorromanischer Teil der Anlage erhalten.

5.1 Romanik 1000 – 1250

Die Sakralbauten der Romanik entwickelten die spätantike Bauform der Basilika weiter. Der basilikale Grundriss mit Langhaus aus erhöhtem Hauptschiff und Seitenschiffen sowie der Apsis im Osten wurde durch ein Querschiff zur Kreuzform erweitert. Die Vierung, die Kreuzung von Langhaus und Querschiff, wurde häufig mit einer Kuppel überwölbt und einem Turm bekrönt.

Das Langhaus wurde mit einer Chorschranke, dem Lettner, in einen Laienbereich und den Chor geteilt. Dieser war ursprünglich den Sängern, später dem Klerus vorbehalten und mit Chorgestühl ausgestattet. Den östlichen Chorabschluss bildete meist eine halbrunde Apsis, er konnte aber auch polygonal oder gerade ausgebildet sein, wie in **Hirsau**. Weisen Haupt- und Seitenschiffe jeweils Apsiden auf, spricht man vom Staffelchor.

Bei den Kölner Dreikonchenanlagen, St. Maria im Kapitol, St. Andreas, Groß St. Martin und **St. Aposteln** sind um die Vierung drei gleich große halbrunde Chornischen, die **Konchen**, angeordnet.

Das von Westen zu betretende Langhaus, die Westfassade mit symmetrischen Türmen und das zu einer Empore über dem Eingang reduzierte Westwerk war keinesfalls die Regel.

St. Michael in **Hildesheim** ist auch um die Querachse symmetrisch aufgebaut. Sowohl im Westen als auch im Osten befinden sich ein Chor und ein Querhaus mit Vierungstürmen und runden Treppentürmen. Das Vierungsquadrat ist das Grundmaß des Langhauses, sichtbar gemacht durch den Stützenwechsel zwischen Pfeilern und Säulen. Die Seitenschiffe sind überwölbt, während das Hauptschiff eine bemalte flache Holzdecke aufweist.

Auch die Klosterkirche in **Alpirsbach** wurde noch mit einer hölzernen Decke über dem Langhaus erbaut, später wurden Tonnen- oder Kreuzgewölbe und Klostergewölbe über der Vierung ausgeführt.

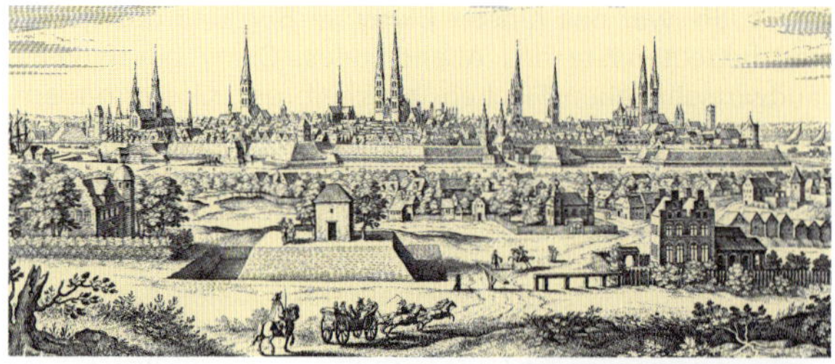

Lübeck, Stadtansicht — Stich von Merian, 16. Jh.

Aachen, Pfalzkapelle, Schnitt, Grundriss und Innenansicht 798

Corvey, Westwerk, 885

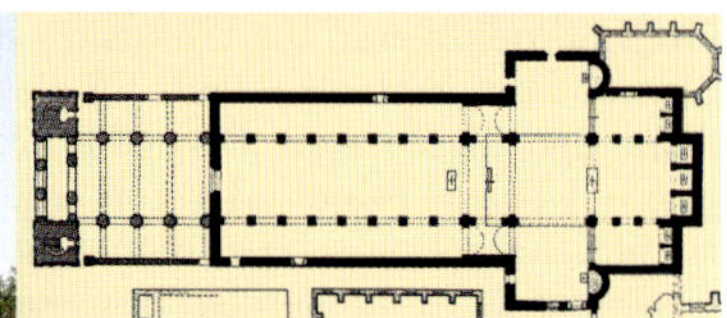

Hirsau, St. Peter und Paul, gerader Chor

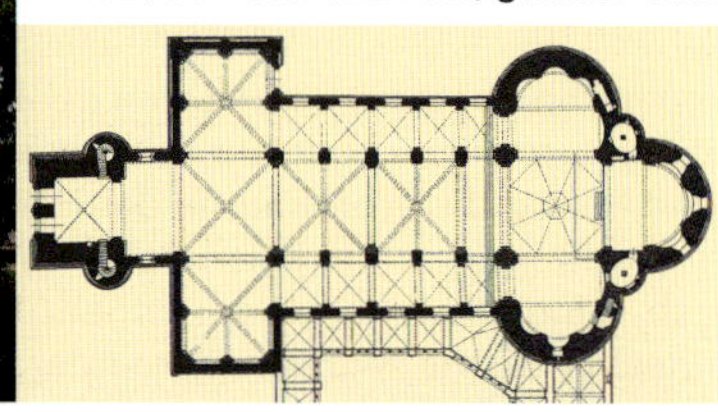

Köln, St. Aposteln, Dreikonchenanlage

Alpirsbach, 1128

Köln, St. Aposteln, um 1200

Hildesheim, St. Michael 1010 – 1033

Unterhalb des Chores, der meist einige Stufen erhöht gebaut wurde, befand sich häufig die Unterkirche, **Krypta**, die als Grabkirche diente. Sie wies enge Säulenstellungen und gleich hohe Gewölbefelder auf.

Bei den **Kaiserdomen** in **Speyer**, **Mainz** und **Worms** wurden die Schiffe mit Kreuzgewölben im gebundenen System eingewölbt. Das breitere Hauptschiff ergab ein größeres Gewölbefeld, weshalb es über zwei Gewölbefelder des Seitenschiffes reichte. Meistens ist das Vierungsquadrat das Grundmaß des gebundenen Systems, daher reihen sich im Hauptschiff quadratische Gewölbefelder dieser Größe aneinander, begleitet von halb so breiten Seitenschiffquadraten

Der Dom zu **Speyer**, als Grablege der salischen Kaiser errichtet und 1065 geweiht, wies ursprünglich einen geraden Chorabschluss, gewölbte Seitenschiffe und ein flach gedecktes Mittelschiff auf. Um 1100 ließ Kaiser Heinrich IV. eine halbrunde Apsis errichten und das Hauptschiff einwölben. Jeder zweite Pfeiler wurde mit einer halbrunden Säulenvorlage verstärkt, was einen Wechsel von Hauptstützen und Nebenstützen, die lediglich die Last des Seitenschiffes zu tragen haben, ergab. Säulenvorlagen und Stützenwechsel ergeben eine plastische Wandgliederung. In Speyer wurde noch ein rippenloses Gratgewölbe zwischen den Gurtbögen ausgeführt, während später die Gewölberippen deutlich hervorgehoben wurden.

Der Kaiserdom in **Mainz**, schon als vorromanischer Bau 975 begonnen, dann abgebrannt und im Wesentlichen von 1118–1137 errichtet, weist einen Westchor in der Art einer Dreikonchenanlage und ein Westquerschiff auf.

Der Dom zu **Worms**, 1125–1230, ist wie der Mainzer Dom als doppelchörige Basilika im gebundenen System erbaut. Der Westchor wurde mit einer Kuppel und einem dem Vierungsturm ähnlichen Turm bekrönt. Innenwände und Gewölbe sind, charakteristisch für die späte Romanik, durch deutlich hervorstehende Rippen sowie Pfeiler- und Säulenvorlagen plastisch gegliedert.

Der **Bamberger Dom** wurde 1020 erstmals erbaut, nach zwei Bränden abgerissen und bis 1237 wiederaufgebaut. Wie Mainz und Worms weist er sowohl einen West- wie einen Ostchor auf. Speziell an der Westfassade und deren Türmen wird die Massigkeit des Mauerwerks durch vielfache Durchbrüche und vorgelagerte Säulen aufgelöst.

Auch beim doppelchörigen spätromanischen **Naumburger Dom**, 1210–1242, ist die Schwere und Strenge der hochromanischen Bauten abgelöst durch eine spielerische Leichtigkeit, die auf die Gotik verweist.

Charakteristisch für romanische Bauten sind dicke Mauern mit kleinen Öffnungen, wodurch die Gebäude massig und wehrhaft wirken. Die großen Mauerflächen waren mit Fresken bemalt, die in Kirchen die biblischen Geschichten darstellten. Anfänglich waren Ornamente formal reduziert und bestanden häufig nur aus **Lisenen** und **Rundbogenfriesen**. Im Laufe der Zeit wurden sie reicher, die Rippen der Gewölbe hervorgehoben, die Stützen mit Halbsäulen oder Säulenbündeln betont. Die einfachen **Würfelkapitelle** der Frühzeit wurden ornamentiert oder durch **Figurenkapitelle** ersetzt. Die Bauplastik wies anfänglich stark stilisierte menschliche Figuren mit überdimensionierten Köpfen auf, später wurden die Darstellungen realistischer.

Öffnungen waren mit **Rundbögen** überspannt, manchmal als **gekuppelte Fenster** unter einem gemeinsamen Bogen. Rundfenster und Kleeblattfenster waren seltener zu finden. Portale waren häufig als **Trichterportale** mit Halb-

Speyer, Dom 1030 – 1106

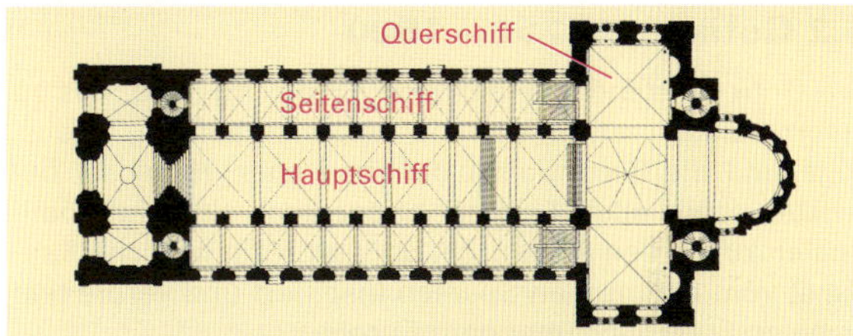

Speyer, Dom, gebundenes System, Grundriss

Mainz, Dom 1081 – 1239

Worms, Dom 1125 – 1230

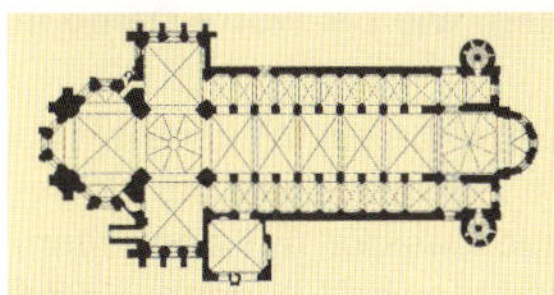

Mainz, Dom, Grundriss

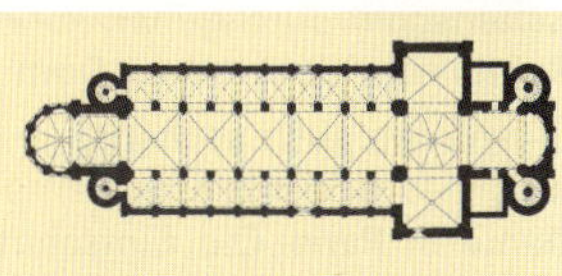

Worms, Dom, Grundriss

Bamberg, Dom 1237

Naumburg, Dom 1242

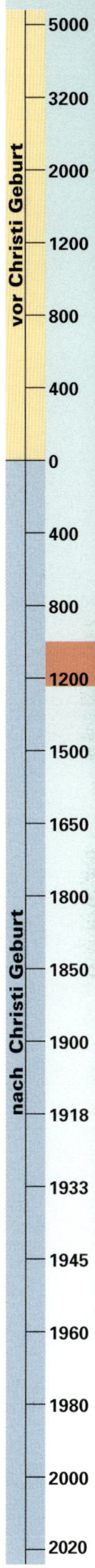

säulen oder frei stehenden Säulen ausgebildet. Säulen wurden später auch als Säulenbündel mit Knoten oder wie ein Seil gedreht ausgebildet.

- **Massive und wehrhafte Steinbauten**
- **Tonnengewölbe und Kreuzgewölbe mit dicken Mauern zur Aufnahme des Gewölbeschubs**
- **Rundbogenöffnungen, runde Fenster, gekuppelte Fenster, Trichterportal**
- **Würfelkapitell, Figurenkapitell, einfacher Figurenschmuck**

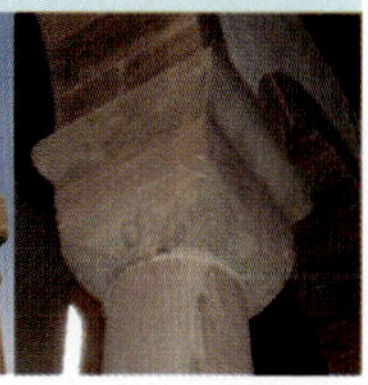

Hirsau, Eulenturm, Figuren, 1120 **Alpirsbach, Würfelkapitell**

Hirsau, Eulenturm, Fenster

Serrabone, Frankreich, Kapitelle

Murrhardt, Portal, 1230

5.2 Gotik 1250 – 1500

Die Gotik entstand in Frankreich schon um 1150, das zu einem starken, zentralisierten Königreich aufstieg. Kreuzzüge und die Reconquista der iberischen Halbinsel bewirkten neben allem Leid der Kriege auch einen internationalen kulturellen Austausch. So wurde die gotische Baukunst vom maurischen Spanien inspiriert und verbreitete sich von Frankreich über ganz Europa.

Der Eingang **französischer Kathedralen** befand sich im Westen, die Seitenschiffe wurden als Chorumgang um den Chor herumgeführt, häufig mit einem Kapellenkranz. Durch den Verzicht auf eine Krypta war der Boden im gesamten Raum durchgehend ohne erhöhten Chor. Das oft mehrschiffige Querhaus rückte näher an den Eingang und ragte wenig über die Seitenschiffe hinaus. Damit entstand ein vereinheitlichter Kirchenraum.

Das Gewölbe wurde in tragende Steinrippen und dünne Füllungen aufgelöst. Die **Rippen** des Gewölbes wurden als **Dienst** – eine Vorlage vor dem Pfeiler – oder als Bündelpfeiler weitergeführt. Sie wurden auf Lehrbögen gemauert, die kuppelartig überhöhten Kappen zwischen den Rippen aber freihändig ohne Schalung. Dieses aus Rippen zusammengesetzte **Spitzbogengewölbe** ermöglichte das Überspannen unterschiedlich weiter Gewölbefelder bei gleicher Höhe, womit die Gewölbejoche in Haupt- und Seitenschiff durchgehen konnten, wie bei **Notre-Dame** in **Reims** oder dem **Kölner Dom**.

Es wurden auch sechsteilige Gewölbe als Weiterentwicklung des gebunden Systems ausgeführt, wie bei **Notre-Dame** in **Paris**. Die fünfschiffige Basilika mit doppeltem Chorumgang wurde 1163 spätromanisch begonnen und 1250 gotisch fertiggestellt. Um 1350 wurden die romanischen Teile des Querschiffes gotisch neu erbaut und der Chor mit Kapellenkranz und Strebewerk versehen. Ein Brand zerstörte 2019 das Dach und Teile des Gewölbes.

Wände wurden in Pfeiler und Füllungen mit großen Fensteröffnungen aufgelöst. Es ergab sich eine mehrteilige horizontale Gliederung der Wand in die Zone der **Arkaden** zum Seitenschiff, manchmal auch einer Empore darüber, des **Triforiums** im Bereich des Daches über dem Seitenschiff und des **Obergadens** mit den großen Fenstern.

Mit einem System aus **Strebebögen** und **-pfeilern** wurde der Gewölbeschub abgeleitet. Kleine Türmchen auf den Strebepfeilern, die **Fialen**, dienten als Auflast. Der **Spitzbo-**

Paris, Notre-Dame **1163 – 1350**

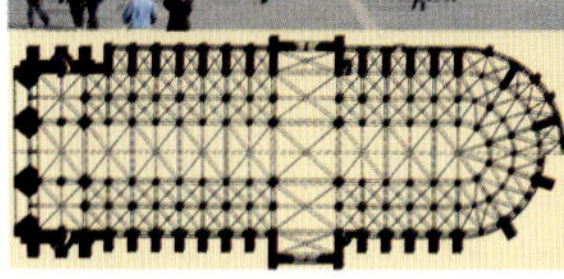

Paris, Notre-Dame **Reims, Notre-Dame**

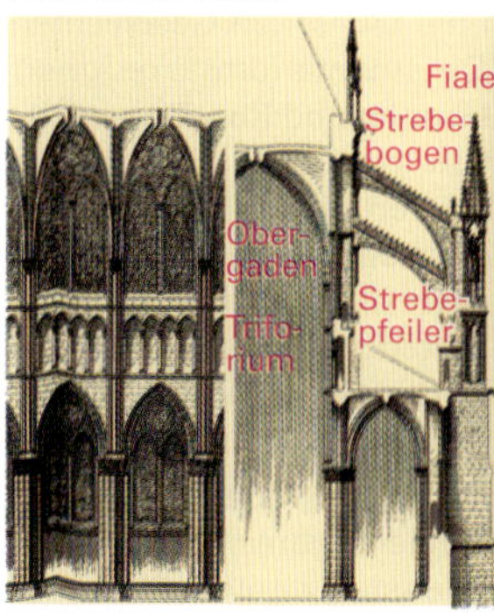

Reims, Notre-Dame, Wandansicht u. Schnitt, innen **1211 – 1311**

gen kam dem tatsächlichen Kräfteverlauf nahe und entwickelte einen dynamischen Zug nach oben. Trotz der horizontalen Gliederung ist die Vertikale die bestimmende Richtung, unterstützt durch den fließenden Übergang vom Bündelpfeiler zur Gewölberippe. Die Versuche höher, weiter und schlanker zu bauen, führten immer wieder zum Einsturz von Gewölben. So stürzte der Chor der Kathedrale von **Beauvais** kurz nach der Fertigstellung 1284 ein und wurde mit Zwischenpfeilern verstärkt wieder aufgebaut.

Die Westfassade rahmte das Portal mit Seiteneingängen und Türmen. Das Portal war wie in der Romanik trichterförmig ausgebildet. In den Portalgewölben und im Tympanon befanden sich realistisch gestaltete Figuren. Darüber befand sich eine **Fensterrose**. Die horizontale Gliederung der inneren Wandansicht setzte sich an der Westfassade fort. Die sonstigen Außenwände wurden durch Strebepfeiler und -bögen aufgelöst. Fenster, Wände und Brüstungen wurden mit **Maßwerk**, einer filigranen Flächengestaltung aus schlanken Steinprofilen in geometrischen Mustern, gestaltet. Wegen der fehlenden Wandflächen ersetzten Fenster, die zu Bildern aus farbigen, in Blei gefassten Scheiben wurden, und Plastiken die Wandmalerei. Die an Portalen, Pfeilern, in Nischen und als Wasserspeier an der Traufe angebrachten Plastiken sind realistisch und ausdrucksstark.

Freistadt, Fenster mit Maßwerk

Gotik im deutschen Sprachraum

Beim **Straßburger Münster** wurden vom spätromanischen Vorgängerbau Krypta und Querhaus übernommen. 1245 wurde mit dem Bau des Langhauses begonnen. Die Westfassade sollte ursprünglich zwei Türme aufweisen, wie Notre-Dame in Paris, und wurde bis 1365 bis zur Höhe des Südturms gebaut. Der Nordturm mit seinem feingliedrig durchbrochenen, hohen Turmhelm wurde 1439 vollendet.

Zu den ältesten rein gotischen Kathedralen in Deutschland zählt der **Magdeburger Dom**, der ab 1207 gebaut wurde. Er weist zwar Strebepfeiler, aber keine Strebebögen auf. Über den Seitenschiffen befinden sich quer gestellte Walmdächer, weshalb auf ein Triforium verzichtet wurde. An dessen Stelle tritt im Chor ein Emporengeschoss auf. Die spärliche Wandgliederung und das massive Erscheinungsbild verweisen noch auf die Romanik.

Zu den ältesten frühgotischen Kirchen zählt auch die von 1230 – 1260 errichtete **Liebfrauenkirche** in **Trier**, die unmittelbar neben dem romanischen Trierer Dom gelegen ist. Sie ist ein seltenes Beispiel eines gotischen Zentralbaus, der typisch für Grabkirchen ist. Der blockhafte, romanisch anmutende Baukörper weist die typisch gotischen Spitzbogenfenster mit Maßwerk auf.

Der **Kölner Dom** entstand anstelle eines Vorgängerbaus, der 870 geweiht wurde. Mit der Überführung der Reliquien der Heiligen Drei Könige nach Köln wurde er zu einem bedeutenden Wallfahrtsort. Wegen dieser Bedeutung wurde 1248 mit einem Neubau begonnen, der sich mit seinen Westtürmen an französischen Vorbildern orientierte.

Paris, Notre-Dame, Fensterrose Querschiff

Köln, Dom, Portal

Köln, Silvester- u. Gregorfenster

Straßburg, Münster

Magdeburg, Dom

Trier, Liebfrauenkirche

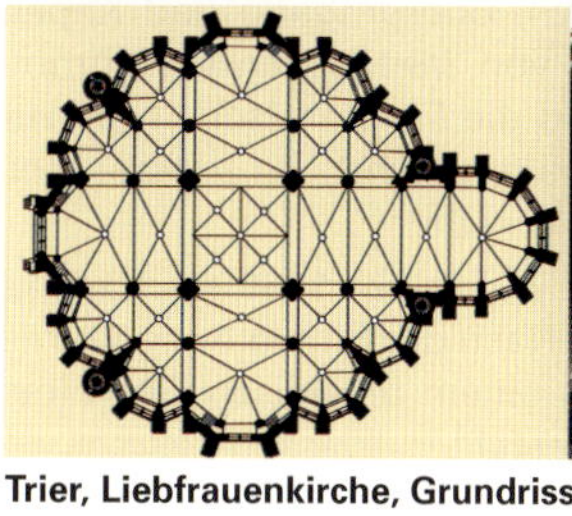

Trier, Liebfrauenkirche, Grundriss und Innenraum **1248**

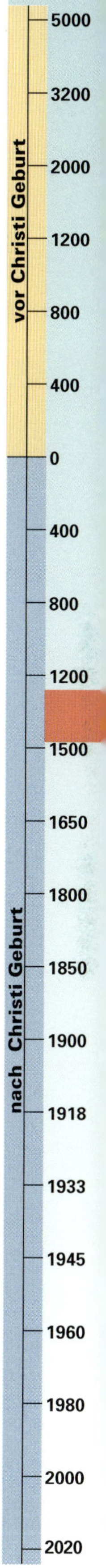

Die Seitenschiffe der fünfschiffigen Basilika wurden mit Walmdächern überdeckt, was eine Belichtung des Triforiums (Laufgang) ermöglichte. Der Chor mit seinen großartigen Fenstern aus dem Jahr 1311 wurde schon als Kirche benutzt, während das Langhaus und die Türme viel später begonnen wurden. Im 16. Jh. wurde der Bau eingestellt. Erst im 19. Jh. wurde das Langhaus eingewölbt und die beiden Türme nach mittelalterlichen Plänen vollendet, womit der Kölner Dom sein charakteristisches Erscheinungsbild erhielt.

Auch der Westturm des **Ulmer Münsters** wurde im Mittelalter nur bis 70 m Höhe gebaut. Er steht in der Achse des Hauptschiffes über dem Eingang. Erst im 19. Jh. erfolgte die Erhöhung auf fast 162 m.

Köln, Dom, Schnitt, Grundriss, Innenansicht

Hallenkirchen

Im Gegensatz zur Basilika mit dem durch die Obergaden belichteten Mittelschiff hat die Hallenkirche annähernd gleich hohe Schiffe mit gleicher Kämpferhöhe und ein riesiges Dach über die gesamte Kirchenbreite. Um den Dachraum besser auszunutzen, gab es auch Staffelhallen, deren Seitenschiffe niedriger waren. Dabei lag das Gewölbe des Mittelschiffes im Dunkeln. Manchmal wurden auch zweischiffige Hallenkirchen mit einer mittleren Stützenreihe gebaut, die dann zwei gleichwertige Altäre aufwiesen, die unterschiedlichen Heiligen geweiht waren.

St. Stephan in **Wien**, eine Hallenkirche mit Türmen an den Enden des Querschiffes, wurde 1340 begonnen. Damals stand noch die romanische Vorgängerkirche aus dem 12. Jh., von der nur das Westportal mit den kleinen Türmen aus dem 13. Jh. erhalten blieb. Das Langhaus wurde um die bestehende Kirche herum gebaut und erst um 1450 gemeinsam mit dem Südturm beendet. Dann erst wurde das romanische Langhaus abgetragen. Der Nordturm wurde nie fertiggestellt. Das netzartige Gewölbe und der reiche Figurenschmuck, wie bei der berühmten Kanzel, ist für die Spätgotik typisch.

Köln, Dom

Ulm, Münster

Wien, St. Stephan, Hallenkirche, Gewölbe um 1340

Backsteingotik

Im Norden, wo Natursteine rar sind, entwickelte sich die Backsteingotik. Auch in anderen Gebieten wurde mit Backstein gebaut, die Bauten aber verputzt und nur die hervorzuhebenden Bauteile mit dem seltenen und teuren Naturstein ausgeführt. Die Stilelemente der Gotik wurden den Möglichkeiten des Backsteinbaus angepasst. Die Gliederung wurde vereinfacht und die vielfachen Durchbrechungen der Wände reduziert. Die strenge Erscheinung der Gebäude wurde durch Farbkontrast, verschiedenfarbig glasierte Steine und raffinierte Brennformen aufgelockert.

Mit der **Lübecker Marienkirche**, wurde die französische Kathedralgotik in Backstein übersetzt. Sie wurde 1250 – 1350 erbaut und diente vielen Kirchen im Ostseeraum als Vorbild. Die dreischiffige Basilika mit zwei hoch aufragenden Westtürmen weist statt eines Querhauses Seitennischen in der Querachse auf. Chorumgang und Kapellenkranz sind zu einer Reihe von 3/8-Nischen verschmolzen. Statt des Triforiums sind die Fensternischen bis zur Arkade des Seitenschiffes weitergeführt, im unteren Teil allerdings mit Blendfenstern versehen.

Die **Nikolaikirche** in **Wismar** wurde um 1380 als Basilika mit Chorumgang begonnen. Nach der Einwölbung wurde sie 1459 geweiht, aber nach einem teilweisen Gewölbeeinsturz erst um 1550 fertiggestellt.

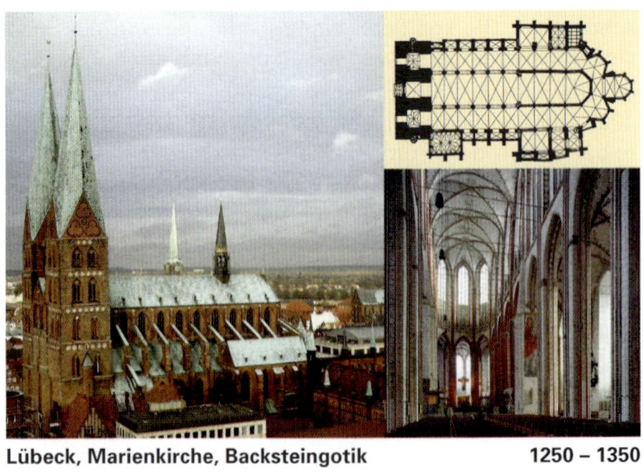

Lübeck, Marienkirche, Backsteingotik 1250 – 1350

Profanbauten

Neben öffentlichen Bauten entstanden Bürgerhäuser, die vom Wohlstand und Reichtum der Besitzer zeugen, wie das Staffelgiebelhaus „**Alter Schwede**“ in **Wismar** von 1380, der älteste Profanbau der Stadt.

Als neuer Bautyp sozialer Einrichtungen entstanden Spitäler, die anfänglich Altenheime waren und später zunehmend der Krankenpflege dienten. Sie wurde von den Laienbrüdern zum Heiligen Geist betrieben und hatten eine vom Klosterbau abgeleitete Grundrissanordnung mit einer Kirche für das Seelenheil der Kranken. Das **Heiligen-Geist-Hospital** in **Lübeck** wurde 1286 erbaut. Die Krankenbetten standen in einer großen Halle, in die später 4 m^2 große Kammern eingebaut wurden. Das **Heilig-Geist-Spital** in **Nürnberg** wurde 1332 – 1339 an und über dem Fluss Pegnitz erbaut und um 1420 um eine Kapelle erweitert.

Stadttore waren funktionelle Wehrbauten und Zeichen nach außen, die vom Wohlstand der Stadt zeugten. Das **Holstentor** in **Lübeck** mit seinen beiden flankierenden Rundtürmen wurde 1478 vollendet.

Besonders in Handelsstädten zeigte das Bürgertum mit aufwendigen **Rathausbauten** Selbstbewusstsein gegenüber der Macht der Kirche. Meist war im Erdgeschoss eine Markthalle untergebracht, wie bei den Rathäusern in Lübeck oder **Münster**. Darüber befand sich in gleicher Größe der Bürgersaal. Auch in **Ulm** wurde das Erdgeschoss ursprünglich als Markthalle genutzt. In Nürnberg befand sich im Keller des Rathauses das Gefängnis mit den zeittypischen Einrichtungen, um zu Geständnissen zu kommen. Neben diesen Beispielen einer Bauweise, welche Stilelemente der Sakralbauten übernahm, konnten Rathausbauten auch wie prächtige Bürgerhäuser erscheinen, wie das in Fachwerkkonstruktion um 1440 gebaute Rathaus in **Markgröningen**.

Nach dem Vorbild der um 1170 gegründeten Pariser Sorbonne entstanden Universitäten, die theologische, medizinische, juristische und philosophische Fakultäten aufwiesen, wobei der letzteren auch die Naturwissenschaften und Künste zugeordnet waren. Die erste deutschsprachige Universität wurde in Prag 1348 gegründet, dann folgten Wien 1365, Erfurt 1379 und Heidelberg 1386.

- **Leichte, vielfach durchbrochene Steinbauten**
- **Spitzbogen, Betonung der Vertikalen**
- **Rippengewölbe, Netzrippengewölbe und Netzgewölbe**
- **Aufnahme des Gewölbeschubs durch Strebebögen und -pfeiler**
- **Dünne Außenwände mit großen Fensteröffnungen**
- **Bündelpfeiler**
- **Basilikale Grundform und Hallenkirchen**
- **Im Norden Backsteingotik**
- **Spitzbogenöffnungen und Rosettenfenster**
- **Maßwerk, farbige Glasfenster**
- **Stadttore, Rathäuser, Spitäler, Bürgerbauten**
- **Reicher Figurenschmuck in fließenden Formen**

Bürgerhäuser in Landshut, Trier, Rostock, Greifswald

Wismar, Nikolaikirche, späte Backsteingotik 1380 – 1550

Lübeck, Heiligen-Geist-Hospital, 1286

Wismar, Alter Schwede

Nürnberg, Heilig-Geist-Spital 1332 – 1339

Lübeck, Holstentor, 1478

Münster, Rathaus, 1320

Ulm, Rathaus, 1370

Markgröningen, Rathaus, 1440

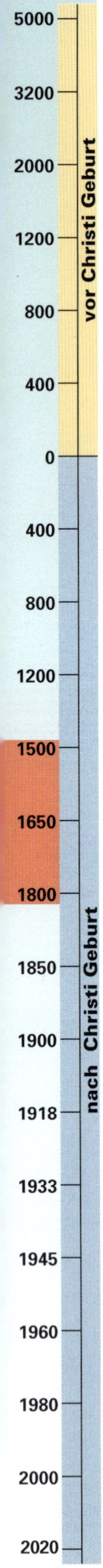

6 Neuzeit bis 1800

Um 1500 begann mit gravierenden Veränderungen eine neue Epoche. Gutenberg erfand den Buchdruck, Kopernikus entwickelte das heliozentrische Weltbild. Mit Vasco da Gama, Kolumbus und Magellan begann das Zeitalter der Seefahrer. 1517 schlug Martin Luther seine 95 Thesen an der Pforte der Klosterkirche zu Wittenberg an.

Mächtigen Fürsten und einem aufstrebenden Bürgertum war daran gelegen, dass nicht mehr kirchliche Dogmen das Leben bestimmten, sondern Erkenntnis und Vernunft. Zu dieser Entwicklung des **Humanismus** trugen auch die Universitäten bei, die von der Kirche unabhängiger wurden. Mit dem Fall Konstantinopels 1453 zogen viele Gelehrte von dort nach Italien und brachten ihr Wissen über die Antike mit. Alte Handschriften, wie die „Zehn Bücher über die Architektur" von Vitruv (25 v. Chr.), wurden wieder aufgelegt. Während die Bauten der Gotik von Bauhütten im Kollektiv errichtet wurden, so bestimmte nun der Architekt als individuelle Künstlerpersönlichkeit das Baugeschehen.

Nach dem 30-jährigen Krieg 1618 – 1648 feierten sich absolutistisch herrschende Adelige und die wiedererstarkte katholische Kirche mit prunkvollen Bauten im Barockstil, bis mit der Französischen Revolution 1789 eine neue Epoche begann.

Die Stadtentwicklung in Renaissance und Barock

Die Entdeckung der Zentralperspektive in der Malerei veränderte auch die Sicht auf die gebaute Umwelt. Straßen und Plätze wurden mit Sichtachsen, symmetrischer und einheitlicher Randbebauung mit horizontaler Ordnung und betonten Gesimsen als Räume gestaltet. So gestaltete **Michelangelo** das **Kapitol** in **Rom** um. Waren mittelalterliche Städte noch für den Fußgänger angelegt, so wurde nun die Kutsche und die Parade zum Maßstab. Straßen wurden breiter und in gerader Linie geführt, Plätze wurden nicht nur für Marktzwecke freigehalten, wie der einheitlich bebaute, 140 mal 140 m große, **Place des Vosges** in **Paris**. Idealisierte Stadtentwürfe mit einem aus der Geometrie entwickelten Grundriss, wie die geplanten Städte der Antike, wurden konzipiert und teilweise umgesetzt. Dabei wurde auf topografische Gegebenheiten nicht immer Rücksicht genommen, eher wurde die Landschaft umgestaltet.

Palmanova, 1595 von Vicenzo Scamozzi südlich von Udine in Norditalien erbaut, weist ein radiales Straßensystem auf, das von einem zentralen Platz ausgeht.

Freudenstadt, 1632 gegründet, wurde um einen quadratischen Platz mit Verwaltungsgebäuden und der Kirche an den Ecken angelegt. Das geplante, mittig im Platz liegende Schloss wurde nie verwirklicht.

Bernini plante im Barock den elliptischen **Petersplatz** mit seinen Kolonnaden als Umarmung der Gläubigen, die achsiale Verlängerung kam erst später. Anderswo wurde die Landschaft großräumig gestaltet, um die Macht der Herrschenden über die Natur zu demonstrieren, wie bei der neu gegründeten Stadt Ludwigsburg, die mit dem 15 km südlich liegenden Schloss Solitude über eine schnurgerade Allee verbunden wurde. Zu Schlossanlagen gehörten weitläufige, geometrisch angeordnete Parks.

Stadtgründungen und -erweiterungen erfolgten in geometrischen Formen, wie in **Karlsruhe** mit seinem radialen Straßensystem, in dessen Zentrum das Schloss mit dem Schlosspark steht. Gerade Straßen, Sichtachsen und weiträumige Plätze mit einheitlicher Bebauung und Bepflanzung bestimmten nun das Erscheinungsbild.

Rom, Kapitolsplatz, Michelangelo **um 1550**

Rom, Kapitolsplatz, vor und nach Michelangelos Umgestaltung

Paris, Place des Vosges **1605 – 1612**

Palmanova **1595**

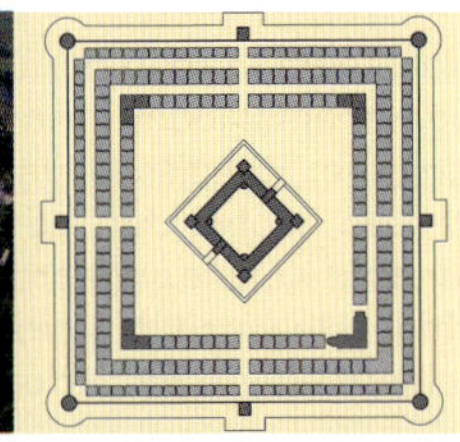
Freudenstadt **1632**

Rom, Petersplatz, Gian Lorenzo Bernini **1656 – 1667**

Karlsruhe **1715**

6.1 Renaissance 1420 – 1620

n Italien, wo sich die Gotik wenig ausbreitete, entwickelte sich ein Baustil, der bewusst auf antike Vorbilder zurückgriff und deshalb als **Renaissance** (Wiedergeburt) bezeichnet wird. Die wiederentdeckten antiken „Zehn Bücher über die Architektur" von Vitruv wurden zur theoretischen Grundlage der Renaissancebaumeister.

Schon im 12. Jh. wurden Gebäude errichtet, die in ihrer Gestaltung wieder an die Antike anknüpften. Deren Stil wird als **Protorenaissance** bezeichnet. Beispiele sind **San Miniato** und das Baptisterium in **Florenz** sowie die Dome in Pisa und in Lucca. Kennzeichen sind die Raumaufteilung nach frühchristlicher Tradition, Marmorinkrustierungen als flächige Gliederung und Säulengalerien im oberen Bereich der Fassade.

Als erstes Renaissancebauwerk gilt der 1420 begonnene Kuppelbau des **Doms** zu **Florenz** durch Filippo **Brunelleschi**. Das gotische Langhaus wurde als Dreikonchenanlage mit großer Vierungskuppel weitergeführt, womit ein Zentralbau entstand, der an ein Langhaus angegliedert wurde. Die gewaltige Kuppel, die Macht und Größe des Stadtstaates symbolisierte, sollte mit 42 m Durchmesser die Größe des römischen Pantheons aufweisen, aber erst in 52 m Höhe beginnen. Den Wettbewerb für die Realisierung gewann Brunelleschi mit einer zweischaligen Konstruktion, die aus tragenden steinernen Rippen und Füllungen aus Ziegeln bestand. Zwischen der spitzbogenförmigen äußeren und der freskengeschmückten inneren Schale der Kuppel führte eine Treppe bis zur Laterne.

Der Zentralbau wurde, wie bei byzantinischen Bauten, zum bestimmenden Motiv im Kirchenbau, beispielsweise **Bramantes** S. M. della Consolazione in Todi, sein **Tempietto San Pietro in Montorio** oder der Plan für den Neubau des **Petersdoms** in **Rom** von 1506. Die Kuppel des Petersdoms wurde später von **Michelangelo** begonnen und von Giacomo della Porta fertiggestellt. Der Tambour war mit Doppelsäulen und einer Fensterreihe versehen, die äußere Kuppel, wie in Florenz, steiler. Danach wurde durch **Vignola** der Zentralbau mit einem Langhaus erweitert und von Carlo Maderno barock vollendet.

Auch die **Palastbauten** waren Ausdruck von Reichtum und Macht der Bürger. Die Paläste der italienischen Frührenaissance sind monumentale, einfache Baukörper, die um einen Innenhof mit Arkaden oder Loggien gruppiert sind. Die Geschosse sind bis zu 12 m hoch. Nach außen wirken die Bauten wehrhaft geschlossen, mit Rustikamauerwerk und kleinen Öffnungen im Erdgeschoss. Die Fassaden sind durch Gesimse horizontal gegliedert, bekrönt durch ein weit ausladendes Kranzgesims. Sonst ist die Gliederung flächig, erst in der Spätrenaissance treten Halbsäulen und Giebelüberdachungen der Fenster als plastische Fassadenelemente auf.

Andrea **Palladio** (1508 – 1580) schuf mit seinen „Vier Büchern über die Architektur" und seinen Bauten um Vicenza ein Werk, das durch sein freies Spiel mit Formen und die symmetrische Grundrissgestaltung Architekten über Jahrhunderte beeinflussen sollte. Bei der Basilika in Vicenza, einer Ummantelung eines gotischen Baus, setzte er schmale Rechteckfenster neben ein Rundbogenfenster, was als **Palladio-Motiv** in die Architekturgeschichte einging. Neben Villen baute er auch in Venedig die Kirchen San Giorgio Maggiore und Il Redentore, bei denen eine Synthese aus Zentralbau und tonnengewölbtem einschiffigem Langhaus ein neuartiges Raumkonzept ergab.

Florenz, S. Miniato um 1100

Florenz, Domkuppel 1420

Rom, Tempietto 1503

Florenz, Palazzo Strozzi 1534

Rom, St. Peter

Venedig, Il Redentore 1576

Vicenza, Villa Rotonda, Andrea Palladio 1571

Vicenza, Basilika 1549

Florenz, Uffizien 1559 – 1581

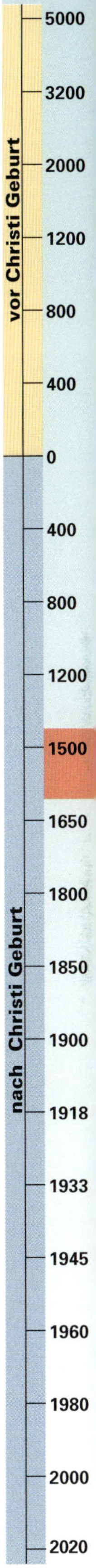

Als in Italien die **Renaissance** zu ihrer Blüte kam, wurde in **Deutschland** noch immer gotisch gebaut. Hier gab es auch nicht die Antike als lokale Tradition, wie in Italien. Mit wachsendem Selbstbewusstsein und Bildung der Bürger und der Hinwendung der bildenden Kunst zu realistischen, diesseitsbezogenen Darstellungen überlebte sich auch in Deutschland die Gotik. Über Musterbücher kam die Renaissance als Dekorationsstil nach Deutschland und wurde von lokalen Baumeistern, die keinen Bezug zur Antike hatten, auf Gebäude angewandt, die in ihrer Struktur noch gotisch waren. Neue Raumkonzeptionen, wie Kuppel- oder Zentralbau gab es kaum. Damit entstand aus italienischen und, vor allem im Norden, aus flämischen Renaissanceeinflüssen ein eigenständiger Baustil. Kennzeichnend sind Gurtgesimse über den rechteckigen Fenstern und gestaffelte Giebel, die mit Voluten oder Obelisken geschmückt sind.

Die Kaufmannsfamilie der Fugger, durch Kriegskredite reich und adelig geworden, schuf mit der von Thomas Krebs geplanten **Fuggerei** in **Augsburg** die erste Sozialsiedlung aus 52 Häusern mit Zweizimmerwohnungen.

Das gotische **Rathaus** in **Bremen** wurde um 1610 von Lüder von Bentheim im Stil der niederländischen Renaissance umgestaltet. Auch das **Rathaus** in **Paderborn** wurde unter Einbeziehung eines Vorgängerbaus errichtet. Dem gotischen Fachwerkbau des **Esslinger Rathauses** wurde durch Heinrich Schickhardt 1589 eine Renaissancefassade mit astronomischer Uhr vorgesetzt. In **Rothenburg** ob der Tauber wurde neben dem gotischen Rathaus mit seinem Turm 1572 ein Renaissancetrakt mit zierlichen Erkern und horizontaler Gliederung der Fassade erbaut. Das **Augsburger Rathaus,** von Elias Holl 1615 – 1624 erbaut und mit sechs Stockwerken eines der höchsten Gebäude seiner Zeit, hat mit seiner klaren Raumkonzeption und Gestaltung die Gotik hinter sich gelassen.

Das **Alte Schloss** in **Stuttgart,** 1553 – 1578 durch Umbau der Burg aus dem 10. Jh. entstanden, beeindruckt durch seinen Arkadenhof wie das **Landhaus** in **Graz**, 1557 von Domenico dell'Aglio erbaut. Das **Schloss Johannisburg** in **Aschaffenburg**, von Georg Ridinger ab 1604 erbaut, besteht aus vier Flügeln um einen quadratischen Hof mit Ecktürmen. Einzig der Bergfried der älteren Burg blieb erhalten und wurde als fünfter Turm in die Anlage einbezogen.

Der erste große, als protestantische Kirche geplante Sakralbau, die 1608 begonnene **Marienkirche** in **Wolfenbüttel**, weist noch gotische Strukturen auf und dazu eine Detailgestaltung im Stil der Renaissance.

Manierismus

Ab dem späten 16. Jh. weichen die klassischen Formen einer Fülle an Dekoration mit geschwungenen Linien und reicher Plastik, womit die konstruktive Struktur des Gebäudes überlagert wird. Im Sakralbau wird wieder das Langhaus bevorzugt, meist einschiffig und durch Nischen gegliedert.

Beispiele sind die **Uffizien in Florenz** von Giorgio **Vasari**, das Schloss Hellbrunn in Salzburg und das **Schloss** in **Heidelberg**, das im pfälzischen Erbfolgekrieg 1689 zerstört wurde, mit seinem Figurenschmuck und geschwungenen Gliederungselementen.

- **Horizontale Gliederung, ausladendes Kranzgesims**
- **Einfache Baukörper, flächige Erscheinung**
- **Rechteck- und Rundbogenöffnungen**
- **Malerei und Plastik mit antiken Motiven**

Bremen, Rathaus 1610

Augsburg, Fuggerei 1521

Esslingen, Rathaus 1589

Rothenburg, Rathaus 1572

Augsburg, Rathaus 1615 – 1624

Paderborn, Rathaus 1620

Graz, Landhaus 1557

Stuttgart, Altes Schloss 1573

Aschaffenburg, Schloss 1614

Fassadendetail

Heidelberg, Schloss, Friedrichsbau 1610

Ottheinrichsbau

6.2 Barock 1600 – 1780

Nach dem Ende des 30-jährigen Krieges von 1618 – 1648 war in katholischen Ländern die Gegenreformation, die wesentlich vom Jesuitenorden getragen wurde, bestimmend. Größe und Macht der Kirche wurden mit prunkvollen Bauten dargestellt. Politisch war dies die Zeit absolut herrschender Monarchen, die europaweit verschwägert waren. Deren höfische Lebenskultur wurde prachtvoll und sinnlich inszeniert, wobei Bauten, Raumausstattung, Gärten, Kleidung, Musik und Dichtung zu einem Gesamtkunstwerk, als wäre es eine Oper, zusammengeführt wurden. Städte, Schlösser und Landschaft wurden durch Symmetrie, Achsenbildung und Vereinheitlichung der Großformen für die Wahrnehmung aus der rasenden Kutsche der Höflinge gestaltet. Im Detail wurden mit Kurvaturen, Bewegung und plastischer Durchbildung eine reiche Gliederung erzeugt und Innenräume mit Malerei, Plastik und Stuck üppig ausgestattet. Wertvolle Materialien, wie Blattgold, wurden verwendet, Marmor aber auch als Stuccolustro imitiert. Im Spiegelsaal von Versailles wurde die Symmetrie des Raumes durch fenstergleiche Spiegel vervollständigt und oft wurden mit Malerei räumliche Illusionen erzeugt.

Im 18. Jh. entwickelte sich eine leichtere, verspieltere und weniger pathetische Variante des Barock, die wegen der muschelartigen Dekorelemente als **Rokoko** bezeichnet wird.

Sakralbauten

Das Gotteshaus diente nicht mehr als Ort der Innerlichkeit, wie in der Gotik, sondern der theatralischen Inszenierung der prunkvollen Liturgie der katholischen Kirche.

Wie bei den Renaissancebauten Il Gesù in Rom von Vignola, der 1575 erbauten Stammkirche des Jesuitenordens, oder Palladios Il Redentore in Venedig wurden Zentralbau und Langhaus zu einem einheitlichen und gegliederten Raum verschmolzen. Aus Seiten- und Querschiff wurden gewölbte Nischen des tonnengewölbten Langhauses. Darüber trohnte häufig eine Kuppel. Diese konnte, wie in der **Jesuitenkirche** in **Wien**, auch lediglich eine illusionistische Malerei sein. Die Fassaden, anfänglich noch eher flächig, wurden später in ein Spiel aus konvexen und konkaven Formen aufgelöst und reich ornamentiert.

Das freie Spiel mit den Formen ist bei der **Karlskirche** in **Wien**, 1716 – 1725 von Johann Bernhard **Fischer von Erlach** erbaut, besonders ausgeprägt. Über einem elliptischen Zentralraum mit Nischen wie Kreuzarmen, befindet sich eine elliptische Tambourkuppel. Die Fassade wurde vom Baukörper gelöst und besteht aus einem tempelartigen mittleren Vorbau und Ecktürmen. Davor sind der Trajanssäule in Rom ähnliche Siegessäulen gesetzt, vielleicht wegen der beendeten Türkenkriege.

Die Basilika **Vierzehnheiligen** in Oberfranken mit ihren sich überlagernden Ellipsen als Grundrissform und der vorgeschwungenen Fassade, von Balthasar **Neumann** 1744 – 1772 erbaut, ist dem Rokoko zuzuordnen.

Die Michaeliskirche in Hamburg, ursprünglich um 1669 erbaut, und die **Frauenkirche** in **Dresden**, wurden als protestantische Kirchen geplant, wo die Predigt im Mittelpunkt des Gottesdienstes steht, und weisen daher Emporen auf. Ausstattung und Formensprache sind der Liturgie entsprechend vergleichsweise zurückhaltend. Die Kuppel der Frauenkirche, von George **Bähr** 1726 – 1743 erbaut, besteht aus einer inneren Schale, durch die man in die glockenförmige äußere Kuppel bis zur Laterne blicken kann.

Melk, Benediktinerstift, Prandtauer 1702 – 1736

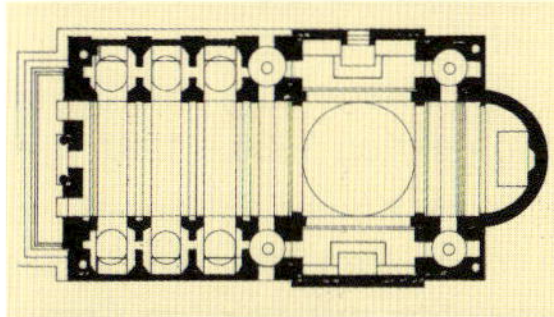

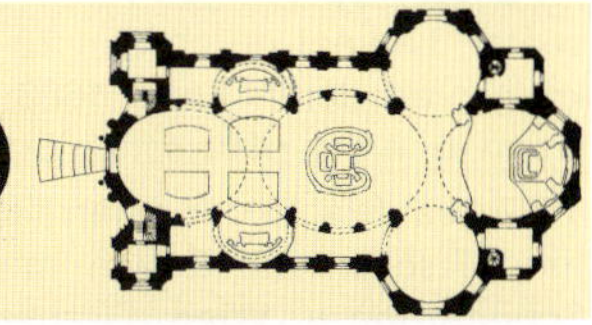

Rom, Il Gesù, Vignola 1575 Vierzehnheiligen, Neumann 1772

Wien, Jesuitenkirche 1705 Vierzehnheiligen, Neumann 1772

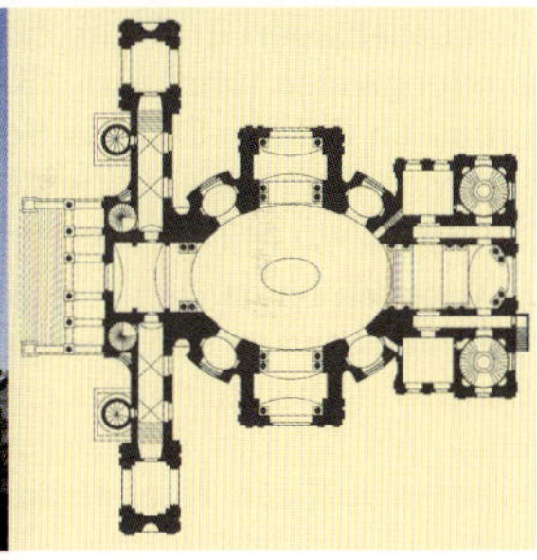

Wien, Karlskirche, Fischer v. Erlach 1737

Dresden, Frauenkirche, George Bähr 1726 – 1743

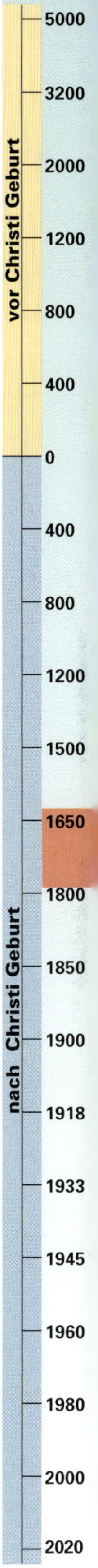

Schlösser

In Frankreich baute Ludwig XIV., der absolutistisch regierende Sonnenkönig, das Schloss **Versailles** ab 1661 zu seiner prunkvollen Residenz aus. In der 75 m langen **Spiegelgalerie** wurden, gegenüber der Fensterreihe gleichartig gestaltete Spiegel angeordnet. Räume wurden in der **Enfilade** aneinandergereiht, sodass man durch die geöffneten, mittig angeordneten Türen die gesamte Raumflucht überblicken konnte. Das Schloss wurde in eine **Gartenanlage** mit Brunnen, Kanälen und Lustschlössern eingefügt. Versailles wurde zum Vorbild für viele Schlossbauten von Monarchen und Territorialfürsten in ganz Europa.

Im **deutschsprachigen Raum** entwickelte sich der Barock später, bedingt durch den 30-jährigen Krieg, die Türkenkriege, an deren Ende 1683 die Belagerung von Wien stand, und den pfälzischen Erbfolgekrieg 1688 – 1697.

1687 beauftragte der österreichische Kaiser Johann Bernhard Fischer von Erlach mit dem Bau des Schlosses **Schönbrunn** in **Wien**. Fischer wollte mit seinem ersten Entwurf Versailles an Größe übertreffen, musste aber aus finanziellen Gründen eine wesentlich kleinere Anlage realisieren, die von Kaiserin Maria Theresia nach 1750 erweitert und mit einem Park samt Tiergarten umgeben wurde.

Als erfolgreicher Söldner in den Türkenkriegen wurde Prinz Eugen von Savoyen so reich, dass er neben einem prunkvollen Stadtpalais und einem Jagdschloss das **Schloss Belvedere** in **Wien** bauen konnte. Lukas **von Hildebrandt** plante es mit zwei Gebäuden von bewegter Silhouette mit einem Park dazwischen.

Der Herzog Eberhard Ludwig von Württemberg verlegte seine Residenz von Stuttgart nach **Ludwigsburg**, das ab 1718 als barocke Stadt ebenso wie das Schloss neu errichtet wurde. Mit seinem Barockgarten und den Nebenschlössern Monrepos und Favorite ist es eine der größten Schlossanlagen in Deutschland. Eine schnurgerade Verbindungsallee führt zum 15 km südlich gelegenen, 1767 erbauten Rokoko-Schloss **Solitude** in Stuttgart. Eberhard Ludwigs Nachfolger verlegte seine Residenz wieder nach Stuttgart, wo er 1746 das Neue Schloss errichten ließ.

In **Dresden** baute Daniel **Pöppelmann** 1710 – 1733 für August den Starken den **Zwinger**. Mit seiner Leichtigkeit und Beschwingtheit gilt er als ein Hauptwerk des **Rokoko**, wie auch das Schloss Sanssouci in Potsdam, das von Georg Wenzeslaus **von Knobelsdorff** für Friedrich den Großen um 1745 errichtet wurde.

Bürgerhäuser, öffentliche Bauten

Dem theatralischen Lebensgefühl des Barock entsprechend wurden Theaterbauten und Opernhäuser errichtet, wie das Markgrafentheater in Erlangen von 1718 oder das Opernhaus in Bayreuth von 1748.

In prachtvollen Bibliotheksbauten wurden die wertvollen Sammlungen der Fürsten und der Klöster bewahrt und Interessierten zugänglich gemacht. Beispiele sind Fischer von Erlachs Nationalbibliothek in Wien oder die Stiftsbibliothek in Admont und die **Anna-Amalia-Bibliothek** in Weimar, die beide dem Rokoko zugerechnet werden.

Städte wurden einheitlich barock umgestaltet, wie Schärding in Oberösterreich oder Telč in Tschechien.

- **Symmetrische Großformen, Achsenbezüge**
- **Geschwungene Formen, plastische Baukörpergestaltung**
- **Reiches Dekor mit wertvollen und imitierten Materialien**
- **Üppige Ausstattung mit Malerei und Plastik**

Wien, Schloss Schönbrunn, Fischer v. Erlach 1693 – 1700

Wien, Schloss Belvedere, Lukas v. Hildebrandt 1714 – 1723

Schloss Ludwigsburg 1704 – 1733

Dresden, Zwinger 1710 – 1733

Potsdam, Sanssouci 1745

Schloss Solitude 1763 – 1767

Schwäbisch Hall, Rathaus 1735

Lübeck, Buddenbrookhaus

Weimar, Anna-Amalia-Bibliothek

Erlangen, Markgrafentheater

Stift Seitenstetten

Versailles, Spiegelsaal

Ludwigsburg

7 Das 19. Jahrhundert

Auf die Französische Revolution 1789 und die napoleonischen Kriege folgte eine Phase der Restauration. Die industrielle Revolution sowie soziale und nationale Spannungen bereiteten der feudalen Ordnung ein Ende.

Stadtentwicklung im 19. Jahrhundert

Aus Einzelhäusern wurden einheitlich gestaltete Großformen, um repräsentative Stadträume zu bilden. Im englischen Bath fassten John Wood Senior und Junior schon um 1770 kleine Reihenhäuser zu den Großbauten **Royal Circus** und **Royal Crescent** zusammen.

Der Stadtumbau im 19. Jh. in **Paris** unter **Haussmann** schuf Sichtachsen und breite Boulevards mit vereinheitlichten Fassaden. Damit wurden sanitär unzureichende Stadtviertel verbessert, aber auch dem Militär Aufmarschrouten zur Kontrolle der Bevölkerung geschaffen.

Militärisch nicht mehr sinnvolle Stadtmauern wurden abgerissen und freiwerdende Flächen bebaut. In **Wien** wurde im letzten Drittel des 19. Jh. anstelle der Mauer die **Ringstraße** als breiter Boulevard mit repräsentativen Bauten gestaltet. Zwei mächtige Kasernen an gegenüberliegenden Seiten der Ringstraße dienten dazu, revolutionäre Erhebungen der Bevölkerung, wie 1848, im Keim zu ersticken.

Im Zuge der industriellen Revolution stieg die Wohnbevölkerung in den Städten um ein Vielfaches. Mit rasch errichteten, profitorientierten Wohnvierteln in einem dichten, meist rechtwinkeligen Straßensystem ohne Bezug zu Landschaft und Geschichte des Ortes, wurden Elendsquartiere am Rand der Städte geschaffen. Die Wohnungen waren überbelegt, schlecht belichtet und belüftet. Tagsüber wurden die Schlafplätze häufig an **Bettgeher** vermietet. **Tuberkulose** wurde zur Volkskrankheit. Trinkwasserversorgung durch Brunnen und fehlende Kanalisation führten zu Seuchen, wie der Choleraepedemie in Hamburg 1892. Erst am Ende des 19. Jh. wurden, wie im alten Rom, Trinkwasserfernleitungen und Abwasserkanäle gebaut.

Fortschrittliche Planer und Unternehmer wollten die unzumutbaren Zustände in den schnell wachsenden Städten verbessern und konzipierten Stadtutopien und Mustersiedlungen, die eine Einheit von Arbeiten und Wohnen in gesunder Umwelt ermöglichen sollten, wie in der königlichen **Saline** von **Chaux** des französischen Revolutionsarchitekten **Ledoux**.

Robert **Owen**, ein englischer Baumwollfabrikant, gründete 1825 in den USA die genossenschaftliche Mustersiedlung **New Harmony**. Charles **Fourier** plante eine sozialutopische Produktions-, Wohn- und Lebensgemeinschaft, die er **Phalanstère** nannte. Darauf aufbauend errichtete der französische Unternehmer Jean-Baptiste André **Godin** 1859 die **Familistère** in **Guise** mit fabriknahen Wohnkomplexen um glasüberdeckte Innenhöfe.

Zum Ende des 19. Jahrhunderts wurden aus der **Eisenbahn** innerstädtische Transportsysteme entwickelt. In Berlin ging 1882 die erste elektrische **Straßenbahn** in Betrieb, bis 1901 waren alle Linien elektrifiziert. In London wurde die erste **Untergrundbahn** gebaut. Noch vor 1900 gab es in Paris und Budapest mehrere Untergrundbahnlinien, Berlin folgte am Beginn des 20. Jh.

In Madrid baute Arturo **Soria y Mata** die Straßenbahn und veröffentlichte davon ausgehend 1883 seine Idee der **Bandstadt** mit einem leistungsfähigen Verkehrsmittel in der Achse.

Bath, Royal Crescent, John Wood d. J. 1767

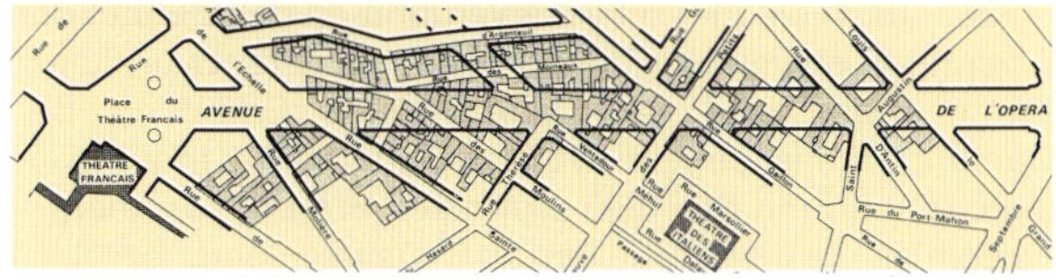

Paris, Straßendurchbrüche unter Haussmann 1860

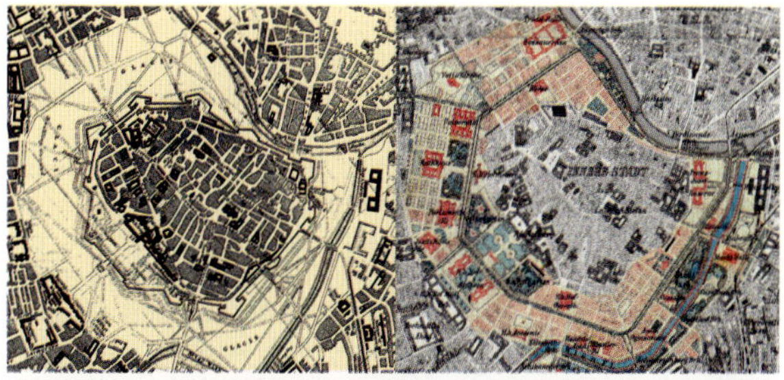
Wien 1858 mit Befestigungen, nach der Ringstraßenbebauung 1875

Berlin, Mietskasernen

London, Arbeiterviertel

Phalanstère, Charles Fourier um 1810

Guise, Familistère, Innenhof

New Harmony, Robert Owen

Guise, Familistère, André Godin 1859

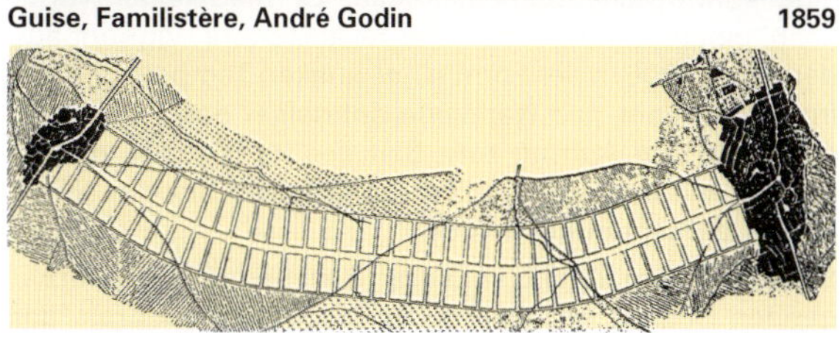
Madrid, Bandstadt, Arturo Soria y Mata 1883

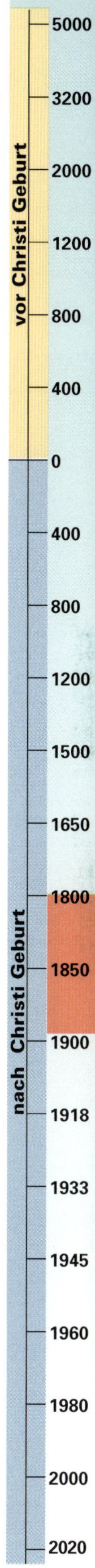

7.1 Klassizismus 1780 – 1850

Mit der Unabhängigkeit der Vereinigten Staaten 1776 und der französischen Revolution 1789 endete die barocke Epoche voll höfischen Prunks und kirchlichen Pomps. Gedanklich begann der Aufbruch in die neue Zeit bereits Mitte des 18. Jh. als der Philosoph Immanuel Kant (1724 – 1804) die menschliche Vernunft an den Beginn der Erkenntnis stellte und damit den eigenverantwortlichen Bürger postulierte. Mit James Watts Erfindung der Dampfmaschine begann 1769 das Zeitalter der Industrialisierung, und mit der 1835 eröffneten Strecke Nürnberg – Fürth hielt die Eisenbahn Einzug in Deutschland.

Die Ausgrabung Pompejis begründete die wissenschaftliche Archäologie. 1755 verfasste Johann Joachim Winckelmann seine „Gedanken über die Nachahmung der griechischen Werke in der Malerei und Bildhauer-Kunst" und später eine „Geschichte der Kunst des Altertums", womit er die Sicht auf die Antike maßgeblich beeinflusste. Auf ihn geht auch die Vorstellung zurück, dass die antiken Bauwerke und Plastiken im Weiß des Marmors erstrahlten, während sie in Wahrheit bunt bemalt waren. Auch auf die Weimarer Klassik der Literatur um Goethe (1749 – 1832) und Schiller (1759 – 1805) wirkten seine Gedanken befruchtend. Die Musik erreichte mit Beethoven (1770 – 1827) den Höhepunkt der Klassik.

Der **Klassizismus in der Architektur** wendete sich antiken Vorbildern zu und griff dabei häufig auf die Renaissance zurück. Er verlieh der bürgerlichen Gesellschaft und den nach der Restauration wiedererstarkten Imperien die bauliche Gestalt. Die Grundformen waren meist symmetrisch mit Betonung der Mittelachse. Häufig wurden Vorhallen mit Säulen und Giebeln in der Art griechischer Tempel verwendet und die griechischen Ordnungen dabei neu interpretiert. Mit Gesimsen wurde die Horizontale betont, Fenster- und Türüberdachungen wurden einfach gestaltet oder weggelassen. Die Innenräume wurden in einfachen, klaren Formen und Farben gestaltet, mit reduzierter, an antiken Vorbildern orientierter Bauplastik und Malerei.

Klassizismus in Europa und Amerika

Die Übersetzung von Andrea Palladios „Vier Bücher über die Architektur" ins Englische führte zum Neo-Palladianismus des 18. Jh. in England und Amerika. Beipiele dafür sind das **Chiswick House** in **London** von Lord Burlington, oder **Monticello**, der Landsitz von Thomas Jefferson, dem 3. Präsidenten der USA, bei Charlottesville, Virginia.

Die Revolutionsarchitekten Etienne-Louis **Boullée** und Claude-Nicolas **Ledoux** planten utopische Projekte in einfachen geometrischen Grundformen. Ledoux baute ab 1775 die Saline von Chaux um einen halbkreisförmigen Hof wie eine utopische Stadtanlage und in **Paris** die **Rotonde de la Villette**.

Das **Pariser Panthéon**, von Jacques-Germain Soufflot erbaut, zeigt eine Tambourkuppel wie St. Peter in Rom und eine korinthische Säulenvorhalle. **La Madeleine** wurde nach einem Entwurf von Pierre-Alexandre Vignon aus dem Jahr 1806 in der Form eines antiken Tempels gebaut. Im selben Jahr gab Napoleon anlässlich des Sieges bei Austerlitz den Auftrag zum Bau des Pariser **Arc de Triomphe**, womit die imperiale römische Architektur direkt wieder aufgenommen wurde.

St. Petersburg erhält in dieser Zeit seine stadtbildprägenden Bauten, wie Andrej Woronichins Kathedrale der Jungfrau von Kasan, Montferrands **Isaakskathedrale** und

Berlin, Brandenburger Tor, Carl Gotthard Langhans 1791

London, Chiswick House 1720

Virginia, Monticello 1770

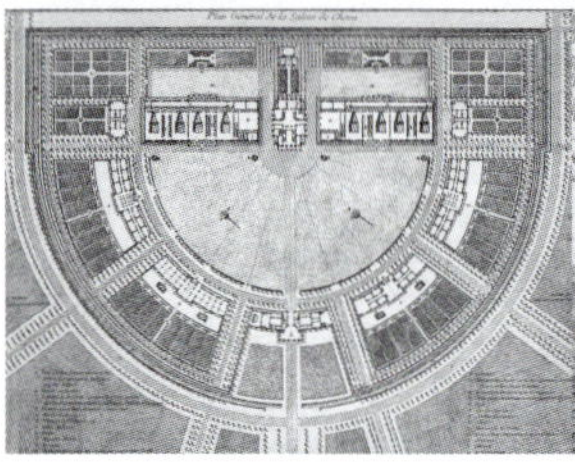
Ledoux, Saline von Chaux 1775

Boulée, Bibliothek, Entwurf

Ledoux, Saline von Chaux 1775

Paris, La Madeleine 1806

Paris, Panthéon 1764 – 1790

Paris, Arc de Triomphe 1806 – 1836

St. Petersburg, Isaakskathedrale, 1802

Rossigasse 1828 – 1834

zahlreiche Bauten von Carlo **Rossi**, darunter das Puschkin-Theater mit der **Rossigasse**, die exakt 200 mal 20 mal 20 m misst, die Akademie, das Generalstabsgebäude und das Russische Museum.

Nach dem Erdbeben von 1755 wird in **Lissabon** die **Praça do Comércio** neu gebaut. Der rechteckige Platz öffnet sich zum Tejo-Ufer und weist eine einheitliche Randbebauung mit Arkaden auf.

Lissabon, Praça do Comércio um 1800

Klassizismus in Deutschland

Berlin wurde 1710 unter Friedrich I. Königliche Haupt- und Residenzstadt Preußens und unter Friedrich II., der zahlreiche öffentliche Bauten errichten ließ, zur Hauptstadt der Aufklärung mit vielen klassizistischen Bauten. So wurde die Humboldt-Universität 1809 gegründet und 1841 die Museumsinsel erbaut. Kulturelle Einrichtungen, wie Museen, Bildungseinrichtungen und Theater wurden eine zentrale Bauaufgabe.

Berlin, Schauspielhaus, Karl Friedrich Schinkel 1818 – 1821

Das **Brandenburger Tor**, 1791 von Carl Gotthard Langhans erbaut, verwendet Motive der Propyläen der Akropolis in Athen. Die Säulen mit ionischer Kannelur und dorischem Kapitell sind 15 m hoch und weisen an der Basis einen Durchmesser von 1,5 m auf. Die in Kupfer getriebene Quadriga stammt vom Bildhauer Johann Gottfried Schadow.

Der bekannteste Architekt des deutschen Klassizismus ist Karl Friedrich **Schinkel** (1781 – 1841). Seine Neue Wache und das **Alte Museum** in Berlin mit seiner an das römische Pantheon gemahnenden Rotunde orientieren sich an antiken Vorbildern. Beim **Berliner Schauspielhaus** und der Bauakademie drückte er darüber hinausgehend mit einfachen, klaren und symmetrischen Formen die Konstruktion in der Gestaltung aus und wurde damit zum Vorläufer des Funktionalismus. Dies hinderte ihn nicht daran, neugotische Kirchen zu entwerfen.

Berlin, Altes Museum 1821 Frankfurt, Paulskirche 1789

Die **Paulskirche** in **Frankfurt**, Ort der ersten demokratischen Nationalversammlung 1848, wurde von Johann Georg Christian Heß 1789 – 1830 als elliptischer Zentralbau mit säulengetragenen Emporen erbaut.

München wird unter dem Hofarchitekten König Ludwigs I., Leo **v. Klenze**, klassizistisch umgestaltet. Er baute den Marstall, die Konzerthalle Odeon und gestaltete die Ludwigstraße und den Königsplatz. Hier errichtete er ein Prachttor, das von den Propyläen auf der Akropolis in Athen inspiriert ist, die **Glyptothek** mit einer Vorhalle in Form eines ionischen Tempels, die Antikensammlungen mit korinthischer Vorhalle und ein Stück nördlich die Alte Pinakothek. Außerdem baute er die Münchner Residenz und die Walhalla bei Regensburg.

München, Glyptothek, Leo v. Klenze 1816 – 1830

Friedrich **Weinbrenner** wurde 1801 Baudirektor von **Karlsruhe** und plante den Marktplatz mit seiner Pyramide im Zentrum, der evangelischen **Stadtkirche** und dem Rathaus mit seiner dreiteiligen Fassade, sowie die katholische Kirche **St. Stephan** und zahlreiche weitere Bauten, darunter die Münzstätte und das Stephanienbad.

Karlsruhe, Stadtkirche 1807 St. Stephan, F. Weinbrenner 1808

In **Stuttgart** baute Giovanni **Salucci** die **Grabkapelle** auf dem **Württemberg** 1821 – 1824, die Anklänge an das römische Pantheon und Palladios Villa Rotonda aufweist. Das **Schloss Rosenstein** baute er zur gleichen Zeit als königliche Sommerresidenz.

Stuttgart, Grabkapelle, Schloss Rosenstein, Giovanni Salucci 1824

- **Rückgriff auf die Antike und die Renaissance**
- **Symmetrische Großformen, Achsenbezüge**
- **Klare, einfache Grundformen, horizontale Gliederung**
- **Reduziertes Dekor in antiken Grundformen**

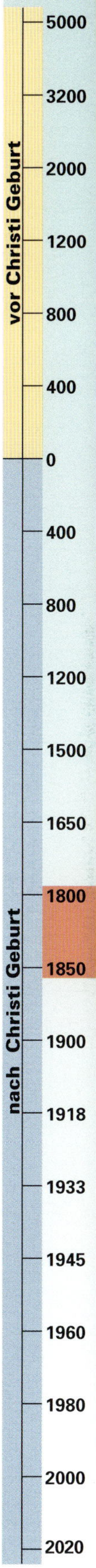

5000 3200 2000 1200 800 400 0 vor Christi Geburt
0 400 800 1200 1500 1650 1800 1850 1900 1918 1933 1945 1960 1980 2000 2020 nach Christi Geburt

7.2 Historismus 1850 – 1900

Schon der Klassizismus bediente sich der Stilelemente früherer Epochen. Mit dem aufkommenden Nationalismus und der damit verbundenen Zuwendung zur eigenen Geschichte wurden auch Baustile, die nicht in antiker Tradition standen, wieder aufgenommen und der Bedeutung der Bauaufgabe entsprechend eingesetzt. Dabei wurde zum Teil versucht stilrein zu bauen, zum Teil wurde ein eklektizistischer Stilmix, auch unter Einbeziehung exotischer Stilformen, eingesetzt.

Schon ein Jahrhundert vor der eigentlichen Epoche des Historismus wurde 1755 in **Potsdam** das **Nauener Tor** im Stil der aus England kommenden Neugotik umgebaut.

In **Berlin** wurde 1884 – 1894 das **Reichstagsgebäude** von Paul Wallot mit Renaissanceanklängen errichtet, während Julius Raschdorffs gleichzeitig errichteter **Berliner Dom** dem Neubarock zugeordnet wird, wie auch das **Bodemuseum**, das Ernst von Ihne ab 1897 errichtete.

Das **Hamburger Rathaus** wurde ab 1886 von einer Gruppe Hamburger Architekten unter Martin Haller mit Anklängen an die norddeutsche Renaissance außen und einer freien Stilmischung im Inneren erbaut.

Die **Oper** in **Dresden** wurde 1841 von Gottfried **Semper** fertiggestellt und galt als einer der schönsten und funktionellsten Theaterbauten. Nach einem Brand wurde sie 1871 von ihm mit Stilelementen der Renaissance neu errichtet, anknüpfend an den klassizistischen Vorgängerbau.

Auch bei Repräsentationsbauten entlang der **Wiener Ringstraße**, die ab 1858 anstelle der Stadtmauer neu bebaut wurde, war Semper beteiligt. Er baute gemeinsam mit Karl Hasenauer das Burgtheater, das Kunsthistorische und das **Naturhistorische Museum** und die Neue Hofburg. Die beiden Museen wurden, wie auch das Universitätsgebäude von Heinrich Ferstel oder Theophil Hansens Musikvereinsgebäude, als Neorenaissancebauten errichtet, wegen der aufblühenden Wissenschaft und Kunst in der Zeit des Humanismus. Hansens Parlament in Wien erhielt eine Vorhalle in Form eines griechischen Tempels, da das antike Griechenland als Wiege der Demokratie galt. Ferstel baute die **Votivkirche** als stilreine idealisierte gotische Kirche. Das **Rathaus** von Friedrich Schmidt verwendete gotisierende Detailformen, um an die selbstbewussten Bürgerstädte dieser Epoche zu erinnern, während die Grundrissorganisation eher barocken Konzepten entsprach.

In Rückbesinnung auf das Mittelalter wurden Burgruinen vermeintlich authentisch wiederaufgebaut, wie die **Reichsburg Cochem** an der Mosel, die im pfälzischen Erbfolgekrieg zerstört wurde. Burgen wurden auch neu erbaut, wie **Neuschwanstein,** womit König Ludwig II. von Bayern mit modernster Technik seine mittelalterliche Traumwelt realisierte und sein Land finanziell ausblutete.

Wohnbauten

Durch die Industrialisierung verzeichneten die Städte eine starke Zuwanderung. Wohnbauten wurden von privaten Investoren mit dem Ziel der Profitmaximierung errichtet, weshalb die Bauplätze bis auf kleine Lichthöfe mit kleinen, schlecht belüfteten und belichteten Wohnungen zugebaut wurden. Die sanitären Einrichtungen waren unzulänglich, die Fassaden aber waren mit reichem Dekor versehen und spiegelten Paläste vor, wo Arbeiter im Elend hausten.

- **Allegorische Verwendung historischer Baustile**
- **Reiches Dekor**

Potsdam, Nauener Tor 1755

Berlin, Bodemuseum 1897

Berlin, Reichstag 1884 – 1894

Hamburg, Rathaus 1886

Berlin, Dom 1894

Dreden, Semperoper 1871

Wien, Naturhist. Museum 1871

Wien, Rathaus 1871

Wien, Burgtheater 1874

Reichsburg Cochem 1868

Neuschwanstein 1869

7.3 Industriearchitektur

Im Zuge der Industrialisierung und des Baus der Eisenbahnen wurden neue Technologien der Eisen- und Stahlherstellung entwickelt. Walzprofile ersetzten Schmiede- und Gusseisen, wodurch Stahlkonstruktionen auch für das Bauwesen verfügbar wurden. Damit konnten große Hallen errichtet werden, wie sie für die industrielle Fertigung benötigt wurden. Anfänglich wurde Stahl ähnlich wie Holz eingesetzt, bis die speziellen Möglichkeiten des Stahlbaus erkannt und verfeinert wurden. Die Konstruktion wurde aber häufig hinter historistischen Fassaden schamhaft versteckt, bis Ingenieurbauten und Gewächshäuser den Weg zu einer neuen Maschinenästhetik im Bauwesen ebneten.

Gewächshäuser konnten nicht verkleidet werden und zeigten ihre Konstruktion. Das **Palmenhaus** des Barockschlosses **Lednice** in Tschechien wurde 1843 gemeinsam mit neugotischen Zubauten errichtet.

In **Stuttgarts** Tiergarten **Wilhelma** errichtete Karl Ludwig von Zanth ab 1842 Gewächshäuser neben Bauten im maurischen Stil.

Für die Weltausstellung in **London** 1851 entwarf Joseph **Paxton** den **Crystal Palace** in einer Modulbauweise aus Eisen und Glas ohne jedes Mauerwerk. Damit konnte ein einheitlicher Raum von 615 mal 150 m überdeckt werden. Das Gebäude brannte 1936 vollständig nieder.

Die Stahl-Glas-Konstruktionen der Gewächshäuser ermöglichten weit gespannte, leichte und transparente Dachkonstruktionen. Sie wurden beim Bau von Markthallen, Passagen und Bahnhofshallen eingesetzt. Wie bei der 1867 eröffneten **Galleria Vittorio Emanuele** in **Mailand** wurden häufig historistische Fassaden mit einer leichten Glasüberdeckung in Stahlkonstruktion kombiniert.

Auch Ingenieurbauten, wie Brücken, wurden nun in Stahlkonstruktion errichtet. Auch hierbei entwickelte sich aus den konstruktiven Notwendigkeiten, der genieteten Fachwerkkonstruktion aus relativ kleinen Walzprofilen, eine eigene Formensprache. Beim **Viaduc de Garabit**, einer Eisenbahnbrücke über die Truyère in Zentralfrankreich, verzichtete Gustave **Eiffel** auf jedwede Zierform. Beim **Eiffelturm** in **Paris**, der für die Weltausstellung 1889 errichtet wurde, gab es hingegen schmückende Details. Trotzdem war er urprünglich wegen seiner Höhe von 300 m und seines Aussehens umstritten.

Als neue Bauaufgabe galt es Bahnhöfe zu errrichten. Bei Kassenhallen und Wartesälen konnte man den aktuellen Baustil einsetzen, die Bahnhofshallen aber mussten weitgespannt, hoch und transparent sein, weshalb sie meist in Stahl und Glas errichtet wurden. Dem Stilempfinden der Zeit entsprechend wurden aus konstruktiv notwendigen Bauelementen Zierformen entwickelt. Wenige Bahnhöfe sind noch original erhalten, wie der Budapester Westbahnhof, an dessen Bau die Firma Eiffel & Cie. beteiligt war.

Die neuen Möglichkeiten der Stahlkonstruktion wurden auch für Wolkenkratzer verwendet. Als ersten erbaute Louis **Sullivan** 1890 das **Wainwright Building** in **St. Louis**. Es weist ein tragendes Skelett aus genieteten Stahlprofilen auf, während die Fassade mit ihrer Backsteinverkleidung noch dem Zeitgeschmack verhaftet ist. In kürzester Zeit wurde diese Konstruktion für viele Gebäude in den USA eingesetzt.

- **Tragkonstruktion aus Gusseisen und Stahlwalzprofilen**
- **Sichtbare Konstruktionen bei Hallen und Glasdächern**

Lednice, Palmenhaus 1843 Stuttgart, Wilhelma 1842

London, Crystal Palace, Joseph Paxton 1851

Wien, Palmenhaus 1882 Hamburg, Fischmarkt 1894

Mailand, Galleria Vittorio Emanuele 1867

Budapest, Westbahnhof 1877 Viaduc de Garabit 1884

Paris, Eiffelturm 1889 St. Louis, Wainwright 1890

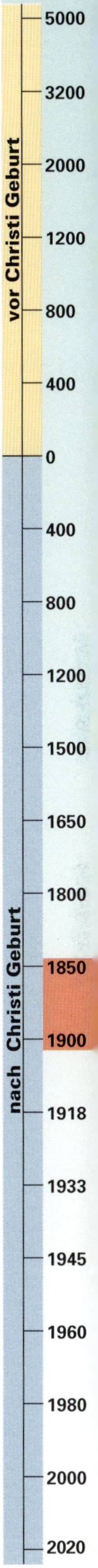

5000 3200 2000 1200 800 400 0 vor Christi Geburt
400 800 1200 1500 1650 1800 1850 1900 1918 1933 1945 1960 1980 2000 2020 nach Christi Geburt

8 Das 20. Jahrhundert

Der Historismus war der architektonische Ausdruck einer zu Ende gehenden Epoche der Restauration absolutistischer Herrscher. Aufkommende soziale und nationale Bewegungen suchten nach einem neuen künstlerischen Ausdruck. Neben der Weiterentwicklung traditioneller Formen wurde der Bruch mit der Tradition und der Aufbruch in eine neue Gestaltung der Umwelt bestimmend. Neue Technologien wurden eingesetzt und die Industrialisierung bestimmte Formensprache und Konstruktion. Der Autoverkehr veränderte die Städte radikal und ermöglichte zerstreute Siedlungsformen.

Stadtentwicklung in der ersten Hälfte des 20. Jh.

Die Wohnsituation der Stadtbevölkerung war gezeichnet von Enge, Überbelegung und miserablen hygienischen Verhältnissen. Daher entwickelte der englische Parlamentsstenograph Ebenezer **Howard** um 1900, angeregt von sozialpolitischen Debatten, ein utopisches Stadtkonzept, das er als „Garden Cities of Tomorrow" veröffentlichte. Dabei sollten um eine kleine Zentralstadt mit 58000 Einwohnern kleinere Gartenstädte ringförmig angeordnet und mit Eisenbahnen untereinander verbunden werden. Die Städte waren konzentrisch um einen zentralen Park mit kulturellen und kommerziellen Einrichtungen geplant.

Als Kritik an den schematisch geplanten Stadterweiterungen des 19. Jh. plädierte Camillo **Sitte** im Buch „Der Städtebau nach seinen künstlerischen Grundsätzen" für eine bewusste Gestaltung des städtischen Raumes unter Hinweis auf die Vielfältigkeit mittelalterlicher Stadträume.

Schon 1903 wurde die Gartenstadt Letchworth nördlich von London gegründet, bald danach die **Gartenstadt Hellerau** bei Dresden und das **Thelottviertel** in **Augsburg**, das, wie die meisten Gartenstädte, lediglich eine vereinzelte Siedlung am Rand der Stadt war.

Fortschrittliche Unternehmer, die sich ihrer Arbeiter annahmen, bauten Arbeitersiedlungen. **Krupp** ließ in Essen die Siedlungen **Margarethenhöhe** und **Alfredshof** errichten. Auch kommunale Siedlungen wurden nach den Ideen der Gartenstadt und Camillo Sittes geplant.

Damit konnte die Wohnungsnot kaum gelindert werden, deshalb wurden große **kommunale Wohnhausanlagen** und Stadtteile errichtet. Gut belichtete und gut ausgestattete Wohnungen mit großen, parkartigen Grünanlagen wurden teilweise in monumentalen Großformen, teilweise in lockerer Komposition angeordnet.

1922 veröffentlichte **Le Corbusier** den Plan Voisin für Paris. Die dichten, alten Stadtviertel sollten durch einzelne, in einem Park stehende Hochhäuser ersetzt werden, die engen Gassen durch mehrspurige Schnellstraßen. Er war auch federführend bei der **Charta von Athen** des **CIAM** (Congrès International d'Architecture Moderne) von 1933, die Forderungen an den zukünftigen, funktionalen Städtebau aufstellte. Um das historische Stadtzentrum mit Verwaltung, Handel und Kultur sollten Wohnen und Industrie in durch Grünzonen getrennten Bereichen angesiedelt werden. Die gesamte Stadt sollte von einem Grüngürtel mit eingebetteten Satellitenstädten reiner Wohnfunktion umgeben sein und die einzelnen Bereiche durch leistungsfähige Verkehrsadern verbunden werden.

Die diktatorischen Regime jedoch setzten bei Stadtentwicklung auf monumentale Achsen und symmetrische Großformen, wie in der Zeit der Restauration, bei Siedlungen auch auf ländlich wirkende Idylle.

Gartenstadt Hellerau, Festspielhaus, Heinrich Tessenow 1909

Gotha, Gartenstadt 1927

Augsburg, Thelottviertel 1907

Krupp, Essen, Alfredshof 1910

Margarethenhöhe 1909

Berlin, Hufeisensiedlung, Bruno Taut 1927

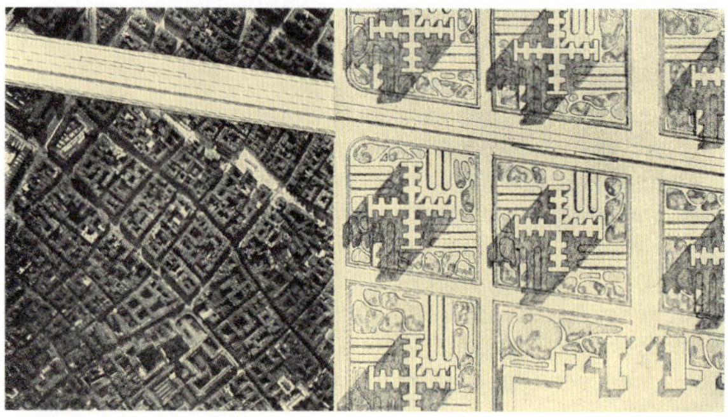

Le Corbusier, Plan Voisin 1929

Le Corbusier, Ville Contemporaine 1922

8.1 Jugendstil 1900 – 1920

Statt der Klarheit und Zurückhaltung des Klassizismus wurde im Historismus die zu Ende gehende Epoche pompös in Szene gesetzt, als gelte es ein letztes rauschendes Fest vor dem Untergang zu feiern. Kein Wunder, dass es Gegenbewegungen gab, die versuchten die Kunst zu erneuern. So wandte sich die impressionistische Malerei auf der Suche nach einer neuen Innerlichkeit vom Realismus ab und Architekten suchten nach authentischen Stilformen.

Im Bestreben die Einheit von Handwerk und Kunst wiederherzustellen, die mit der Industrialisierung verloren gegangen war, und damit neue Ausdrucksformen zu finden, entwickelte sich die kurze Blüte des **Jugendstils** oder der **Art Nouveau** in Frankreich. Klassische Bauformen wurden mit Elementen der Industriearchitektur kombiniert. Mit dem Anspruch der handwerklichen Materialgerechtigkeit wurde aus Konstruktionselementen und floralen Motiven ein neues Dekor entwickelt. Wie im Barock sollte aus Bauwerk, Plastik, Malerei und Möblierung ein Gesamtkunstwerk entstehen. In England entstand um 1860 die **Arts-and-Crafts**-Bewegung und wurde zum Vorbild von Künstler- und Handwerkervereinigungen, wie den Wiener Werkstätten oder dem Deutschen Werkbund.

In Belgien gestaltete Victor **Horta** Innenräume mit Gusseisen- und Glaselementen in fließenden organischen Formen, darunter das **Hôtel Tassel**. Ähnlich fließende Formen verwendete Hector **Guimard** in Paris bei der Gestaltung der **Metrostationen**.

Nach seinem historistischen Theater des Westens in Berlin gestaltete Bernhard **Sehring** das **Stadttheater Cottbus** im Jugendstil.

In **Darmstadt** gründete Ernst Ludwig von Hessen auf der **Mathildenhöhe** eine Künstlerkolonie und beauftragte Joseph Maria **Olbrich** mit der Planung eines Ausstellungsgebäudes und eines Atelierbaus, des Ernst-Ludwig-Hauses. Der Hochzeitsturm wurde dem Großherzog von den Bürgern gestiftet. Künstler, wie Peter **Behrens**, errichteten auf dem Gelände ihre privaten Häuser. Er entwickelte für die AEG ein durchgehendes Gestaltungskonzept vom Briefpapier über die Produktgestaltung bis zu Gebäuden. Er sollte sich später vom Jugendstil abwenden und Wegbereiter der Moderne werden.

Olbrich baute auch das Ausstellungsgebäude der **Wiener Secession**, einer Künstlergruppe des Jugendstils, darunter die Gründer der Wiener Werkstätten Koloman Moser und Josef **Hoffmann**, der u. a. das Palais Stoclet in Brüssel und das Sanatorium in Purkersdorf baute.

Der berühmteste Architekt des Jugendstils in Wien war Otto **Wagner**, 1841 geboren und damit eine Generation älter als Olbrich oder Hoffmann. Er war für die Gestaltung der Wiener Stadtbahn verantwortlich. An den Stationsgebäuden am Karlsplatz war sein Mitarbeiter Olbrich beteiligt. Die Fenster der Kirche am Steinhof wurden von Koloman Moser gestaltet. Bei der Ausstattung der Postsparkasse mit ihrem Kassensaal in Stahl-Glas-Konstruktion verwendete Wagner das damals neue Material Aluminium.

In **Barcelona** entwickelte Antoni **Gaudí** eine sehr persönliche Form des Jugendstils mit teilweise modernen Konstruktionsmethoden, fließenden Formen und lebhaftem Dekor aus bunter Keramik. Neben Wohnhäusern wie der Casa Batlló plante er die Kathedrale Sagrada Familia.

- **Einheit von Handwerk, Kunst und Architektur**
- **Reiches, flächiges Dekor mit floralen Mustern**

Brüssel, Hôtel Tassel, Horta 1893

Paris, Metro, Guimard 1899

Cottbus, Theater, Sehring 1908

Darmstadt, Ernst-Ludwig-Haus

Haus Behrens 1901

Wien, Secession, Olbrich 1898

Wien, Postsparkasse 1906

Stadtbahnstation, Wagner 1899

Wien, Kirche am Steinhof, Otto Wagner 1907

Wien, Wohnhaus, Wagner 1899

Barcelona, Casa Batlló 1906

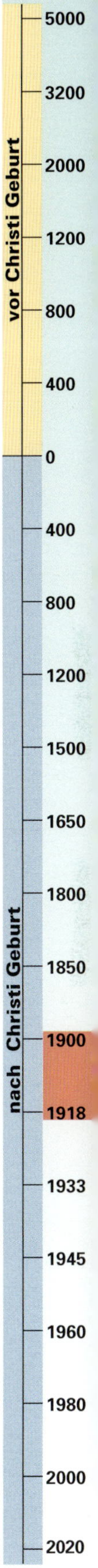

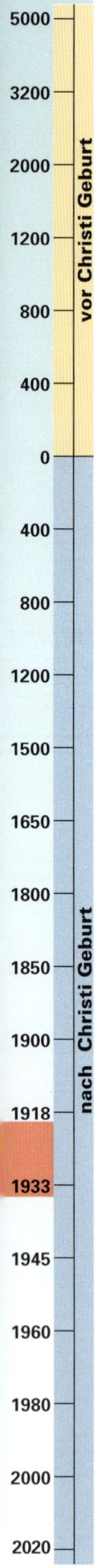

8.2 Expressionismus 1920 – 1933

Die Zeit nach dem 1. Weltkrieg war geprägt von revolutionären Umstürzen, Inflation und Armut. Langsam begann mit der wirtschaftlichen Erholung Mitte der 1920er-Jahre wieder die Bautätigkeit. Entweder wurde auf einen radikalen stilistischen Neubeginn gesetzt, oder die Bauformen der vorangegangenen Epochen wurden weiterentwickelt. Die expressionistische Architektur könnte als Fortsetzung des Jugendstils betrachtet werden. Das üppige Dekor wurde, der Zeit wirtschaftlicher Probleme angepasst, reduziert und die Baukörper mit ausdrucksstarker Plastizität gestaltet, wie bei Fritz **Schumachers Krematorium** in **Hamburg**. Im Norden wurde das Dekor aus dem Backsteinbau entwickelt, bei verputzten Bauten wurden die Fassaden mit Gesimsen gegliedert. Eingänge und Treppenhäuser wurden gestalterisch hervorgehoben.

In Hamburg entstand im Südosten der Altstadt nach dem ersten Weltkrieg das Kontorhausviertel mit zahlreichen Bauten des Backsteinexpressionismus. Hier baute Fritz **Höger** 1924 auf einem spitzwinkeligen Grundstück das **Chilehaus,** dessen Spitze wie der Bug eines Schiffes in die Stadt ragt. Die Fassade ist mit Klinkerdekor geschmückt, die Treppenhäuser mit keramischen Verkleidungen. 1927 baute er für eine Zeitung das **Anzeigerhaus** in Hannover in Skelettbauweise mit einer Dachkuppel und Klinkerfassade.

Peter **Behrens**, einer der Jugendstilarchitekten der Darmstädter Mathildenhöhe, reduzierte im Laufe der Zeit das Dekor, sodass er als Vorläufer der Moderne gilt. Mit starker Differenzierung der Baukörper und wenig, aber ausdrucksstarkem Dekor baute er 1924 das **Verwaltungsgebäude** der **Höchst AG** oder das Lagerhaus der **Gutehoffnungshütte** in **Oberhausen** 1925.

Um die Wohnungsnot zu lindern, wurden in vielen Städten Wohnbauprogramme gestartet. So entstand in **Amsterdam** der Stadtteil **Süd** nach dem Konzept von Hendrik Petrus Berlage, der 1896 die Amsterdamer Börse in Sichtziegeln fast ohne Dekor baute. Architekten der Amsterdamer Schule, wie Michael **de Klerk,** errichteten in Berlages Tradition plastisch gestaltete, in Klinker gebaute Wohnanlagen, die um parkartige Höfe angeordnet wurden.

Erich **Mendelsohn** plante 1919 den **Einsteinturm** in **Potsdam**, ein Observatorium zur Überprüfung der Relativitätstheorie, in ausdruckstarken organischen Formen.

In **Wien** wurde eine Luxussteuer erhoben, womit innerhalb eines Jahrzehnts über 60 000 kommunale Wohnungen finanziert wurden. Wie in Amsterdam waren die Wohnhäuser häufig als Blockrandbebauung um parkartige Grünanlagen gruppiert. Die monumentalen Gemeindewohnbauten waren eine selbstbewusste Darstellung der Macht der Arbeiterklasse. Als größter Wohnbau wurde der 1,3 km lange **Karl-Marx-Hof** mit 3000 Wohnungen von Karl **Ehn** erbaut. Die bis zu 48 m² großen Wohnungen waren für die damalige Zeit gut ausgestattet. Die Wohnhöfe waren mit vielfältigen Gemeinschaftsanlagen versehen, wie Kindertagesstätten, Waschküchen und Badehäusern, da die Wohnungen keine Bäder aufwiesen. Um preisgünstig zu bauen, wurde vieles standardisiert. Viele dieser Wohnbauten und öffentliche Bauten der Gemeinde Wien wurden von Schülern Otto Wagners errichtet, was deren stilistische Ähnlichkeit erklärt.

- **Plastische Gliederung der Baukörper**
- **Formal reduziertes Dekor**
- **Im Norden Backsteinexpressionismus**

Hannover, Anzeigerhaus 1927

Hamburg, Chilehaus, Höger 1924

Hamburg, Krematorium 1932

Hamburg, Chilehaus, Höger 1924

Höchst, Verwaltung 1924

Oberhausen, Behrens 1925

Amsterdam, Börse, Berlage 1896

Het Schip, M. de Klerk 1921

Wien, Seitzhof, H. Gessner 1926

Potsdam, Einsteinturm 1919

Wien, Karl-Marx-Hof, Karl Ehn 1927 – 1930

8.3 Moderne 1920 – 1933

Aus der Ablehnung der Formensprache des Historismus und der Suche nach dem reinen eigentlichen Kern der Aufgabe entwickelten Maler um 1910 die ersten abstrakten Bilder und Architekten die Moderne.

Der Leitgedanke war: „**Die Form folgt der Funktion**“. Anders als im Historismus sollte ein funktionaler Ablauf den Grundriss bestimmen und die möglichst einfache Konstruktion die Erscheinung des Gebäudes. Dekor wurde als überflüssig betrachtet und unter Verweis auf die Schönheit von Maschinen oder Ingenieurbauwerken eine neue Ästhetik proklamiert.
Kennzeichen der Moderne ist die freie asymmetrische Gruppierung meist kubischer Baukörper, das flache Dach und die Trennung von tragender Struktur und Fassade, die große Glasflächen ermöglicht. Die Räume gehen fließend ineinander über, auch Innen- und Außenraum.

Adolf **Loos** baute 1910 im Zentrum Wiens ein Geschäftshaus, das auf die damals übliche Umrahmung der Fenster mit Gesimsen und Überdachungen verzichtete und damit einen Skandal auslöste. Erst als er Blumentröge anbringen ließ, wurde der Entwurf genehmigt. Er argumentierte in seinem Aufsatz „Ornament und Verbrechen“, dass es sinnvoller wäre, mehr gut ausgestattete Wohnungen zu bauen, als das Geld in überflüssigen Zierrat zu stecken.

Dekorlose und funktionelle Gestaltung war auch zunehmend das Kennzeichen für Bauten der Industrie. So gilt Peter **Behrens**' **Turbinenhalle** der AEG als einer der Vorläuferbauten der Moderne.

Radikaler als Behrens war Walter **Gropius** 1911 beim **Fagus-Werk**, mit der Komposition aus kubischen Baukörpern und der Trennung von Außenhaut und Tragstruktur, womit große Fensteröffnungen, auch über Eck, möglich wurden. 1919 gründete er das **Bauhaus**, das, wie der Werkbund, die bildenden Künste zusammenfasste. Eine Gruppe von namhaften Künstlern lebte und arbeitete zusammen und bildete die kommende Generation von Architekten, Malern und Bildhauern aus. 1925 zog das Bauhaus von Weimar nach **Dessau** in die von Gropius neu errichteten Bauten um.

Gerrit Thomas **Rietveld**, Mitglied der holländischen Künstlergruppe de Stijl, gestaltete das **Haus Schröder** in Utrecht als begehbare abstrakte Plastik aus rechtwinkelig aneinandergefügten farbigen Elementen.

Der deutsche Werkbund veranstaltete 1927 die Ausstellung „Die Wohnung“, zu der die **Weißenhofsiedlung** in Stuttgart gehörte. Die städtebauliche Planung lag bei Ludwig **Mies van der Rohe**, der auch am Bauhaus lehrte und es später leitete. Von 17 Vertretern der Moderne, darunter Le Corbusier, Peter Behrens, Hans Scharoun, Jacobus Johannes Pieter Oud und Mart Stam, wurden Musterhäuser errichtet, die das neue Wohnen im 20. Jh. darstellen sollten. Dabei wurden neue Bauweisen und Wohnkonzepte erprobt. Mies van der Rohes Wohnblock und Stams Reihenhäuser wurden als Stahlskelettkonstruktion erbaut, Ouds Reihenhäuser aus fünf unterschiedlichen Arten Beton. Behrens schuf ein Terrassenhaus und **Le Corbusier** Räume, die sich mit Schiebewänden für die Nachtnutzung als Schlafzimmer teilen lassen. Das Haus wurde vom Boden abgehoben, die Stahlstützen von der Fassade zurückversetzt, was ein horizontales Bandfenster ermöglichte. Die Dachterrasse mit dem markanten Betonrahmen sollte die bebaute Freifläche wiederherstellen und den Ausblick ins Tal dramatisieren.

Wien, Loos-Haus 1910

Berlin, AEG, Behrens 1909

Alfeld, Fagus-Werk, Walter Gropius 1911

Dessau, Bauhaus, Walter Gropius 1925

Utrecht, Haus Schröder 1924

Wien, Werkbunds., Loos 1932

Stuttgart, Weißenhofsiedlung, Le Corbusier 1927

Stuttgart, Weißenhofsiedlung, J.J.P. Oud, Hans Scharoun 1927

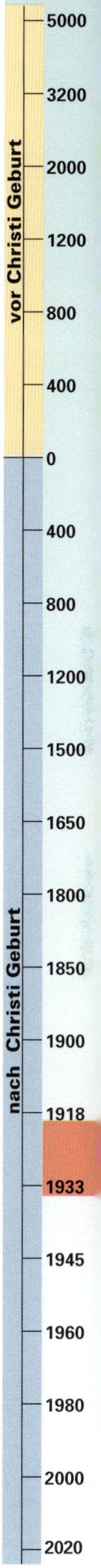

Ludwig Mies van der Rohe hat mit seiner **Villa Tugendhat** in Brno ein programmatisches Werk der Moderne geschaffen. Flache, teilweise als Terrassen begehbare Dächer wurden von verchromten Stahlstützen getragen, die hinter die Außenwand zurückgesetzt wurden, um damit große ungeteilte Fensteröffnungen zu ermöglichen. Die Fensterwand nach Süden ließ sich im Boden versenken, womit ein Durchdringen von Innen- und Außenraum erreicht wurde. Die wenigen Stützen ermöglichten, den einheitlichen Raum mit einer halbrunden Edelholzwand und einer Onyxscheibe in einzelne Bereiche einzuteilen, die einen **Raumfluss** ergeben. Der Bau ist aus den inneren funktionalen Zusammenhängen entwickelt und verzichtet daher auf symmetrische Ordnung. Ein ähnliches Raumkonzept weist sein **Pavillon** für die Weltausstellung in **Barcelona** auf.

Modellsiedlungen, wie die Stuttgarter Weißenhofsiedlung, gab es auch als **Werkbundsiedlung** in Prag, Breslau und **Wien**. In letzterer baute Adolf **Loos** ein **Doppelhaus**, in dem er auf kleinstem Raum sein Konzept des Raumplanes umsetzte. Dabei weisen die Räume ihrer Bedeutung entsprechend unterschiedliche Höhen auf und sind gestaffelt innerhalb der Gesamtform angeordnet.

Die großen Bauaufgaben der damaligen Zeit waren der Wohnbau und Bauten für soziale Einrichtungen.
In Großsiedlungen wurden gut belichtete und mit Sanitärräumen ausgestattete Wohnungen geschaffen. Jede Wohnung war mit einem Balkon ausgestattet, und statt muffiger Hinterhöfe gab es parkartige Grünanlagen und Gemeinschaftseinrichtungen, waren doch Licht und Luft die damals einzigen Therapiemöglichkeiten gegen die Volkskrankheit Tuberkulose. In Berlin wurden einige Großsiedlungen errichtet, darunter die **Siemensstadt** mit Bauten von Gropius, Hugo Häring und Scharoun sowie die **Wohnstadt Carl Legien** von Bruno Taut und Franz Hilliger. Taut plante auch die **Hufeisensiedlung** mit dem namensgebenden zentralen Bau und in lockeren Zeilen angeordneten Wohnhäusern. Mit Verzicht auf die Großform und Rücksichtnahme auf den Baumbestand planten Taut, Häring, Poelzig und Salvisberg die räumlich differenzierte Siedlung **Onkel Toms Hütte** aus kleinen Reihenhäusern in der Fortführung des Gartenstadtkonzeptes. Gropius dagegen plante die Siedlung Dammerstock in Karlsruhe aus Häusern, die in parallelen Zeilen angeordnet wurden, womit er auf die Geschlossenheit des Straßenraumes und der Innenhöfe verzichtete.

In Frankfurt wurden unter Ernst May von 1925 – 1930 12 000 Wohnungen mit vielen standardisierten Elementen errichtet. Hierfür plante Margarethe Schütte-Lihotzky die **Frankfurter Küche**, die erstmals nach funktionalen Abläufen konzipiert wurde.

Mit Gropius und van der Rohe gab es Architekten, die eine strenge Rechtwinkeligkeit bevorzugten, andere planten freiere, organische Formen. Hans **Scharoun**, in Bremen geboren, ließ sich vom Schiffbau inspirieren. Emil **Fahrenkamps** Gasag-Gebäude schwingt wie eine Welle leicht entlang des Ufers, trotz seiner Masse. Erich **Mendelsohn** dramatisierte besondere Situationen durch gekrümmte Baukörper, wie beim IG-Metall Haus in Berlin oder dem leider zerstörten Kaufhaus Schocken in Stuttgart.

- **Form folgt der Funktion, freie Baukörper- und Grundrissgestaltung, fließende Räume, Abkehr von der Symmetrie**
- **Große Glasflächen, flächige Erscheinung ohne Dekor, Flachdach**

Brno, Villa Tugendhat, Ludwig Mies van der Rohe 1929

Barcelona, Weltausstellungspavillon, L. Mies van der Rohe 1929

Berlin, Wohnstadt C. Legien 1928 Siemensstadt, Gropius 1929

Berlin, Gasag-Haus 1930 Siemensstadt, Scharoun 1929

Berlin, IG-Metall 1920 Löbau, Haus Schminke 1932

vor Christi Geburt: 5000, 3200, 2000, 1200, 800, 400, 0 — nach Christi Geburt: 400, 800, 1200, 1500, 1650, 1800, 1850, 1900, 1918, 1933, 1945, 1960, 1980, 2000, 2020

8.4 Diktaturen 1933 – 1945

In vielen Ländern Europas waren nach dem ersten Weltkrieg Demokratien nur von kurzer Dauer. Die russische Revolution 1917 führte zur bis 1990 andauernden kommunistischen Diktatur; faschistische Regime gab es schon 1920 in Ungarn und 1922 in Italien, Deutschland und Österreich folgten 1933.

So wie die französische Revolutionsarchitektur, die am Ende des 18. Jh. neue Formen für die entstehende bürgerliche Gesellschaft suchte, aber mit der Restauration bald unterging und vom Klassizismus verdrängt wurde, gab es auch nach der russischen Revolution eine Aufbruchstimmung in der Kunst. Die Architekten orientierten sich bei ihren Projekten für die neue Gesellschaft an der Moderne, die sozialreformerische Ideen unbelastet von alten Gesellschaftsformen und deren Stilempfinden umsetzen wollte. Russische Architekten, wie Konstantin Melnikow bauten Parteiklubs, Kulturhäuser und Infrastrukturbauten. Auch wurden ausländische Architekten, unter anderen Ernst May, der Planer des „Neuen Frankfurt" eingeladen, moderne Industriestädte in Sibirien zu planen.
Mit dem Beginn der stalinistischen Säuberungen Mitte der 1930er-Jahre bis zu Stalins Tod 1953 war die Moderne tabu. Statt der freien funktionellen Baukörperkomposition und der dekorlosen glatten Fassaden waren symmetrische Monumentalbauten mit reichem Dekor angesagt. Aus barocken und klassizistischen Elementen und der Faszination für amerikanische Wolkenkratzer wurde ein eigener Stil gemischt, der in alle anderen kommunistischen Länder exportiert wurde.
In Moskau wurden neben der reich dekorierten Metro monumentale Wohnhausanlagen mit Gemeinschaftswohnungen gebaut, in denen jede Familie ein Zimmer hatte, Küche und Bad aber gemeinsam waren. In den Jahren 1947 – 1953 wurden Hochhäuser im stalinistischen Zuckerbäckerstil errichtet, darunter die **Lomonossow-Universität**, das Außenministerium, Wohnhochhäuser und Hotels.

Im faschistischen Italien Mussolinis gab es teilweise qualitätsvolle moderne Bauten, wie Giuseppe Terragnis **Casa del Fascio** in Como. Meist aber wurde monumental gebaut, wie bei der Stadterweiterung für die geplante **Weltausstellung** in **Rom** 1942. Wie bei allen autokratischen Gesellschaften gab es hier auch strenge Symmetrie, monumentale Achsen und imposante Größe, häufig jedoch ohne Dekor. Wie bei Haussmann in Paris wurde die Stadt Rom mit breiten Straßenachsen durchpflügt, etwa der Straße, die zum Petersplatz führt.

Im nationalsozialistischen Deutschland wurde die Moderne als entartet gebrandmarkt und in einem traditionellen Stil gebaut, der auf ländlichen und klassizistischen Vorbildern beruhte. Einzelne Bauten, wie das **Olympiastadion** in **Berlin** oder der Flughafen **Tempelhof** sind formal zurückhaltend, während Repräsentationsbauten des Regimes in einem neuklassizistischen Monumentalstil erbaut wurden, der durch Größe, Symmetrie und schnurgerade Paradestraßen einschüchtern sollte. Albert Speer, der Architekt und spätere Rüstungsminister Hitlers, plante einen großen Teil des Berliner Zentrums für die neue Hauptstadt **Germania** abzureißen. Am Schnittpunkt zweier kreuzender, zum Autobahnring führender Achsen sollte die große Versammlungshalle mit ihrer Kuppel von 250 m Durchmesser entstehen, ein gigantisches Pantheon des Nationalsozialismus.

- Rückgriff auf den Klassizismus
- Übersteigerte Größe (Gigantismus)

Moskau, Club, Melnikow 1927

Moskau, Wohnhochhaus 1947

Moskau, Lomonossow-Universität

Haus am Roten Tor 1953

Como, Casa del Fascio 1932

Rom, Weltausstellung 1942

Berlin, Reichskanzlei, Speer 1939

Projekt Germania 1939

Berlin, Tempelhof 1936

Nürnberg, Kongresshalle 1935

Berlin, Olympiastadion 1936

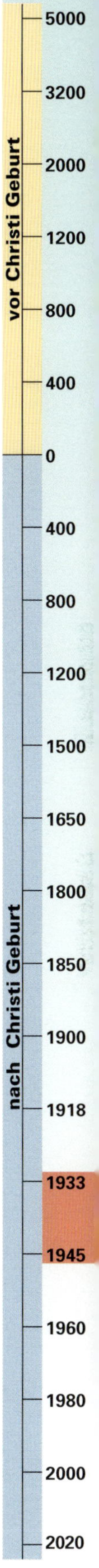

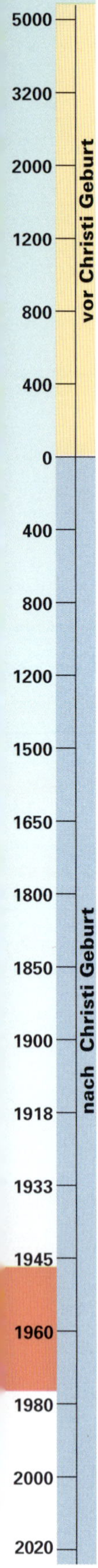

8.5 Die Moderne nach dem 2. Weltkrieg

Nach dem Krieg lebte die vergangene Epoche in den Köpfen weiter, weshalb es lange dauerte, den Wert der Architektur der Zeit zwischen 1918 und 1933 zu erkennen. Vielfach wurde auch ein Bruch mit der Vergangenheit angestrebt, was dazu führte, dass kriegszerstörte Gebäude eher abgerissen als saniert wurden. So verwundert es nicht, dass die Stuttgarter Weißenhofsiedlung durch Neubauten verändert wurde, die statt der bombenbeschädigten Häuser errichtet wurden, und dass sie erst 1958 unter Denkmalschutz gestellt wurde.

Während im Osten der Siegermacht entsprechend im Stalin-Barock gebaut wurde, setzte sich im Westen die Moderne durch. Viele Architekten der Moderne fanden in den Vereinigten Staaten Exil vor der Unterdrückung durch die NS-Herrschaft und waren dort bald stilbestimmend. Mit der Siegermacht kam auch deren Stil zurück nach Europa. Den eingeschränkten wirtschaftlichen Verhältnissen angepasst, entwickelte sich eine Wiederaufbau-Architektur, die die Maxime der Moderne nach Einfachheit teilweise bis zur Banalität steigerte.

Städte- und Wohnbau

Die Nachkriegsmoderne bezieht sich auf die städtebauliche Konzeption des CIAM. Dem Autoverkehr wurde Vorrang eingeräumt und Gebäude wurden als Einzelobjekte in einen durchgehenden Grünraum gestellt, womit der zusammenhängende Stadtraum aufgegeben wurde. Statt einer durchmischten Erdgeschosszone entlang der Straßen gab es Ladenzentren, später Einkaufszentren in einer Parkplatzwüste fernab der Siedlungen.

Brasilia wurde als neue Hauptstadt in einem bis dahin unbesiedelten Gebiet ab 1956 nach dem städtebaulichen Konzept von Lucio **Costa** errichtet. Die architektonische Verantwortung hatte Oscar **Niemeyer**, der viele der öffentlichen Bauten plante.

In **Berlin** wurde anlässlich der Internationalen Bauaustellung 1957 das **Hansaviertel** mit Hochhäusern und zeilenförmig angeordneten Wohnbauten bekannter Architekten, wie Alvar Aalto, Oscar Niemeyer, Egon Eiermann und Walter Gropius, bebaut. **Le Corbusier** baute dafür die **Unité d'Habitation**, ein langgestrecktes Wohnhochhaus mit ineinandergeschachtelten Maisonette-Wohnungen und einer skulptural in Beton durchgebildeten Dachlandschaft.

Mit geschwungenen Formen und phantasievoller Grundrissanordnung errichtete Hans **Scharoun** 1956 in Stuttgart die beiden Wohnhochhäuser **Romeo und Julia**.

Die nicht als Modellsiedlungen geplanten Stadterweiterungen, die den Wohnungsmangel bekämpfen sollten, waren wesentlich dichter bebaut und gestalterisch weniger ambitioniert. Ab 1962 wurde nach der städtebaulichen Planung Walter Gropius' in **Berlin** die **Gropiusstadt** errichtet. Ähnliche Großwohnanlagen, wie das Märkische Viertel, folgten in Berlin und anderswo.

Zunehmend wurde der Wohnbau industrialisiert, womit die Plattenbausiedlungen aufkamen. Von Wladiwostok bis in die USA wurden ähnliche Bauten meist in Zeilenbauweise errichtet, die an genormte Käfige für die Massentierhaltung gemahnen. Die preisgekrönte Sozialsiedlung **Pruitt-Igoe** in **St. Louis**, USA, wurde nach wenigen Jahren gesprengt, da Gewalt und Vandalismus ein erschreckendes Ausmaß angenommen hatten. Viele meinten, dass dies nicht nur am ungenügenden Sozialmanagement gelegen habe, sondern auch an der Architektur.

Brasilia, Zentrum, Lucio Costa **1957**

Brasilia, Nationalkongress, Oscar Niemeyer **1957 – 1964**

Berlin, Unité d' Habitation **1957**

Berlin, Hansaviertel **1957**

Suttgart, Romeo und Julia **1956**

Berlin, Hansaviertel, Gropius **1957**

Berlin, Gropiusstadt **1962**

St. Louis, Wohnsiedlung Pruitt-Igoe **1951 – 1972**

Öffentliche Bauten

Die prägenden Architekten der Vorkriegsmoderne und deren Schüler bestimmten das Bauen nach dem Zweiten Weltkrieg. Die Konzepte des **Bauhaus** wurden als **Internationaler Stil** weltweit verbreitet. Strenge Rechtwinkeligkeit und rasterartige Fassaden waren das Kennzeichen. Wie Walter Gropius lehrte und arbeitete auch Ludwig **Mies van der Rohe** in den USA. Er plante den Campus des Illinois Institute of Technology (IIT) in Chicago und einige Wolkenkratzer. Die Bauten zeigten die Stahlkonstruktion und waren formal aufs Einfachste reduziert, aber sorgfältig detailliert. Am überzeugendsten konnte er sein Konzept bei flachen Bauten, wie der Crown Hall des IIT oder der **Nationalgalerie** in **Berlin** umsetzen, deren weit gespanntes stählernes Dach von wenigen Stützen vor den gläsernen Wänden getragen wird.

Neben den Bauhaus-Lehrern waren andere Architekten stilbildend, wie **Le Corbusier**, der im indischen Punjab die Hauptstadt **Chandigarh** plante und dort plastisch ausdruckstarke Bauten aus rohem Beton errichtete. Seine beiden französischen Sakralbauten, das Kloster **La Tourette** und die Kirche **Notre-Dame du Haut** in **Ronchamps** wurden wie Skulpturen mit besonderer Lichtführung durchgebildet. Die Vorliebe für **béton brut** (frz. für Sichtbeton) führte bei Nachfolgern zum Beton-Brutalismus mit deutlich geringeren skulpturalen Qualitäten, wie etwa dem **Rathaus** in **Boston**, USA.

Frank Lloyd **Wright**, der um 1910 in Chicago mit Bauten im Jugendstil begann und 1937 das berühmte Haus über dem Wasserfall als eine Ikone der Moderne plante, entwickelte mit dem 1956 errichteten **Guggenheim-Museum** in **New York** ein organisches Museumskonzept, das bis heute Vorbildwirkung hat. Der Besucher bewegt sich auf einer spiralförmigen Rampe durch die Ausstellung und hat immer wieder Ausblick in den gesamten Raum.

Oscar **Niemeyer**, der Architekt der wesentlichsten Bauten in **Brasilia** und des UN-Hauptquartiers in New York, erweiterte den strengen Formenkanon der Moderne um geschwungene Formen aus leichten Betonschalen. Schalenförmige Dächer überzeugten auch die Jury beim Wettbewerb für das **Opernhaus** in **Sydney**, den Jørn **Utzon** 1957 gewann. Die technisch anspruchsvolle Dachkonstruktion, sprengte allerdings den Kostenrahmen, sodass er vom Projekt ausgeschlossen wurde. Auch Hugh **Stubbins** verwendete für die **Kongresshalle** in **Berlin** die damals neuen Möglichkeiten des Spannbetons. Zwischen zwei schräg zueinander stehenden Stahlbetonbögen spannte sich eine dünne Betonschale, die 1980 wegen Korrosion des Stahls einstürzte, 1987 aber wiederaufgebaut wurde.

Ein leichtes Tragwerk über große Spannweiten zu bauen war auch Ziel des Architekten Günter **Behnisch** und des Statikers Frei **Otto** bei der Überdachung des **Olympiastadions** in **München**. Mit einer Netzkonstruktion aus Stahlseilen auf stählernen Masten und einer transparenten Deckung wurde das Stadion mit der Landschaft zu einer Einheit verschmolzen.

Renzo **Piano** und Richard **Rogers** entwickelten beim **Centre Pompidou** in **Paris** ein maschinenähnliches Gebäude ohne Haut mit sichtbarer Konstruktion und Haustechnik.

Freie organische Formen waren bei der Planung von Konzertsälen auch aus akustischen Gründen mit der Maxime vereinbar, dass die Form der Funktion folgen sollte. Mit der **Philharmonie Berlin** schuf Hans **Scharoun** einen Raum von schwingender musikalischer Leichtigkeit und Harmonie.

Berlin, Nationalgalerie, Ludwig Mies van der Rohe 1965

Ronchamps, Le Corbusier 1953

La Tourette, Le Corbusier 1956

Chandigarh, Le Corbusier 1960

Boston, Rathaus 1968

New York, Guggenheim-Museum, Frank Lloyd Wright 1943

Sydney, Oper 1957

Berlin, Kongresshalle 1957

München, Olympiastadion, Frei Otto und Günter Behnisch 1972

Paris, Centre Pompidou 1977

Berlin, Philharmonie 1960

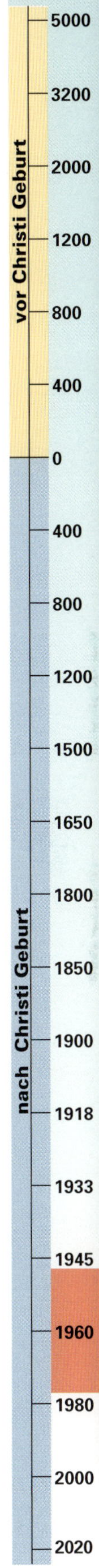

5000 – 3200 – 2000 – 1200 – 800 – 400 – 0 (vor Christi Geburt) – 400 – 800 – 1200 – 1500 – 1650 – 1800 – 1850 – 1900 – 1918 – 1933 – 1945 – 1960 – 1980 – 2000 – 2020 (nach Christi Geburt)

8.6 Postmoderne

Mitte der 1970er-Jahre wurden viele scheinbare Gewissheiten der Nachkriegsgesellschaft in Frage gestellt, auch das Bauen im Internationalen Stil. Er bescherte zwar zweckmäßige Gebäude, die sich leicht in Serie planen ließen, aber um den Preis, dass der Bezug zum Ort verloren gegangen war und dass die Gleichförmigkeit Orientierung und Identifikation erschwerten. Stellte die Moderne das einzelne Gebäude in den Mittelpunkt der Aufmerksamkeit als wäre es eine Plastik mit neutraler Umgebung, so entdeckten die Architekten der Postmoderne wieder den Raum zwischen den Gebäuden. Statt in einzelnen Zeilen wurden Gebäude wieder um Plätze und parkartige Höfe gruppiert, wie bei der Place des Vosges oder bei Wohnbauten der Zwischenkriegszeit. Die Gebäude selbst wurden wieder mit zeichenhaften Formen versehen, die mit Anspielungen an historische Gestaltung spielten, sodass Eingänge zu finden waren und Orientierungspunkte geschaffen wurden. Man bemühte sich um Detaillierung, um dem nahen Betrachter entgegenzukommen. Neben vielen gut gelungenen Beispielen verkam die Postmoderne aber auch zu einer Dekorationsmode, die mittlerweile fallengelassen wurde.

Die **Neue Staatsgalerie** in **Stuttgart** von James **Stirling** zeigt mit ihren ironisierten klassischen Zitaten, der vielfältigen Baukörpergestaltung und der Detaillierung auf, wie eine funktionelle Raumanordnung mit überraschenden Blicken für den Vorbeigehenden und dem Bezug zur Umgebung in Einklang zu bringen ist.

Anders als die collageartige Zusammenstellung bei Stirlings Staatsgalerie verfolgte Oswald Mathias **Ungers** die Linie der klassischen Strenge. Einfache geometrische Formen in ausgesuchten Proportionen und strenger Ordnung bestimmten seine Bauten. Die Hamburger Kunsthalle, einen weißen Kubus auf rotem Sockelgeschoss, baute er symmetrisch aus Quadraten auf. Bei der **Landesbibliothek in Karlsruhe** zitierte er die Kuppel des Pantheon. Mit detailarmen, perfekten Oberflächen wurde die Reinheit der Form im Ausdruck unterstützt.

Ricardo **Bofill** spielte mit klassischen Zitaten, die er in übersteigertem Maßstab für Wohnbauten in Frankreich einsetzte und in symmetrischen Großformen gestaltete.

In der **Saalgasse** in **Frankfurt am Main** wurde die im Krieg zerstörte Stadtstruktur mit Bauten verschiedenner Architekten im Stil der Postmoderne wiederhergestellt. Auch bei der **Internationalen Bauausstellung** in **Berlin** 1984 war die sanfte Stadterneuerung das Leitmotiv. Ergänzungsbauten in Baulücken sollten sich ins städtische Gefüge einpassen und Erweiterungen die vorhandene Stadtstruktur fortführen. Aldo **Rossi** interpretierte das Motiv der Zinskaserne neu. Der Wohnbau in der **Ritterstraße** von Rob **Krier** bildet mit kreuzenden Straßen einen öffentlichen Raum und davon abgewandte, begrünte Innenhöfe. Die Gestaltung ist detailreich mit vielfältigen historischen Zitaten. Bei seinem Wohnbau in **Wien-Liesing** ließ er sich von den expressionistischen Gemeindebauten der Zwischenkriegszeit inspirieren.

Am **Juwelierladen** von Hans **Hollein** in **Wien** wurde das Motiv des Tors verfremdet neu gestaltet. Wie das **Frankfurter Museum Moderner Kunst** baute er das **Haas-Haus** im Zentrum Wiens als Collage aus unterschiedlichen, verfremdeten Architekturelementen.

- Städtebauliche Raumbildung
- Zeichenhafte Formen, historisierende Zitate

Stuttgart, Staatsgalerie, James Stirling 1983

Karlsruhe, Bibliothek, O. M. Ungers

Frankfurt, Saalgasse 22 1984

Hamburg, Kunsthalle, Ungers

Wien, Schule, Hollein 1990

Montpellier, Bofill

Berlin IBA, Aldo Rossi 1984

Wien-Liesing, Krier 1981

Berlin, Ritterstraße, Krier 1984

Wien, Juwelierladen, Hollein 1981

Haas-Haus, Hollein 1985 – 1990

8.7 Jüngste Entwicklungen

Nachdem die Postmoderne neben qualitätvollen Bauten zu einer oberflächlichen Dekorationsmode verkam, versuchte man, wie am Anfang des 20. Jh., wieder den Kern der Architektur in Funktion und Konstruktion zu finden und schmückendes Beiwerk wegzulassen. Damit begann eine **Wiedergeburt der Moderne**, die sich bis heute fortsetzt.

Das **Abgeordnetenhaus** in **Berlin** von Stephan **Braunfels**, dem Erbauer der Münchner Pinakothek der Moderne, versucht, wie der Bonner Plenarsaal, der 1992 von Günter Behnisch errichtet wurde, mit der Architektur die Transparenz der Demokratie zu verdeutlichen.

Wohnbauten werden konzeptionell nicht anders errichtet als in den 1970er Jahren, wobei häufig die profitorientierte Unterbringung von Massen im Vordergrund steht. Viele Bemühungen um gestalterische Qualität stehen dem entgegen, wenn es auch meist Bauten für zahlungskräftigere Schichten sind, wie die Neubebauung des ehemaligen Messegeländes am Stuttgarter Killesberg. Der soziale Wohnbau ist in Deutschland fast zum Erliegen gekommen, doch zeigen Beispiele aus Österreich, dass auch mit beschränkten finanziellen Mitteln gestalterische Qualität erreicht werden kann.

Gläserne Bauten waren schon in der frühen Moderne eine Utopie, die damals aus technischen Gründen nicht realisierbar war. Mittlerweile weisen Gläser geringe Energieverluste auf, weshalb immer öfter die Utopie von gestern realisiert wird, wobei die großen Energieeinträge im Sommer noch immer ein Problem darstellen.

Einen gläsernen Würfel über einen schräg versetzten steinernen stülpten die Architekten **Hascher** und **Jehle** beim **Kunstmuseum Stuttgart**. Als Würfel gestaltete auch Eun **Young Yi** die **Stuttgarter Stadtbibliothek**, die außen wehrhaft wirkt und innen offen über einem würfelförmigen, sakral gestalteten Andachtsraum.

Spektakulärer in der Form bauten die Autokonzerne ihre Museen. Die **Mercedes-Benz-Welt** von Ben **van Berkel** erweitert Frank Lloyd Wrights Konzept des Guggenheimmuseums von der einfachen Spirale zur Doppelhelix, als Symbol der DNA des Automobilbaus. Die vielfach gekrümmten Bauteile waren eine bautechnische Herausforderung und wären ohne Computertechnologien kaum realisierbar gewesen.

Bei ihrem **Porsche-Museum**, dessen Weg durch die Ausstellung ebenso als Rampe geführt ist, ließen die Architekten **Delugan-Meissl** den Austellungsteil über dem Sockel mit den dienenden Räumen auf wenigen schrägen Stützen schweben. Damit nähern sie sich dem **Dekonstruktivismus** an, in dem das scheinbar Unbaubare, statisch Überraschende angestrebt wurde.

Auf dem Betriebsgelände des Büromöbelherstellers Vitra in Weil am Rhein, das zu einer Ausstellung zeitgenössischer Architektur geworden ist, baute Frank O. **Ghery** den Museumsbau aus vielfach ineinander verschachtelten Körpern als begehbare Raumskulptur. Beim **Guggenheim-Museum** in **Bilbao** setzte er freie organische Formen in Kontrast zu geometrisch strengen Körpern.

Die Brüche in der Geschichte setzte Daniel **Liebeskind** im **Jüdischen Museum** von **Berlin** mit der Zick-Zack-Form im Grundriss, vielen Schrägen und Fenstern, die wie Schnitte in das Gebäude wirken, expressiv um.

Zaha **Hadid** gewann viele Wettbewerbe mit expressionistischen Darstellungen explodierender Räume, bis sie 1992

Berlin, Abgeordnetenhaus, Stephan Braunfels 2001

Stuttgart, Killesberg 2010

Wien, Sonnwendviertel 2015

Stuttgart, Kunstmuseum 2000

Stuttgart, Stadtbibliothek 2011

Stuttgart, Mercedes-Benz 2006

Stuttgart, Porsche-Museum 2009

Bilbao, Guggenheim-Museum, Frank O. Ghery 1997

Weil/R., Vitra-Museum, Ghery 1989

Berlin, Jüdisches Museum

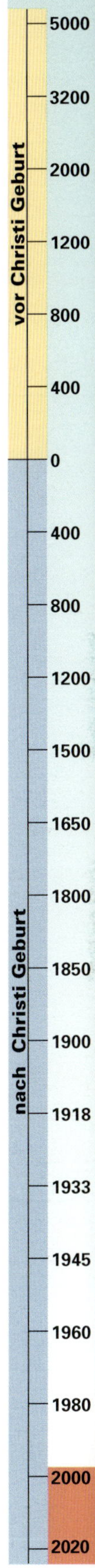

erstmals die Chance bekam, ihre Konzepte baulich umzusetzen. Bei der **Feuerwache** im Vitra Betriebsgelände verleihen weite auskragende Bauteile und Schrägen, wo Senkrechte erwartet werden, dem Bau die angestrebte Dynamik. Ihre Bauten bekommen zusehends **organische Formen**, sind aber nach wie vor von wenigen Stützen getragen und dynamisch in der Erscheinung, wie die Bergstation der Innsbrucker **Hungerbergbahn**.
Auch die Architektengruppe **Coop Himmelblau**, die schon in den 1970er-Jahren mit experimenteller Architektur bekannt wurde, baute um die Jahrtausendwende dekonstruktivistische Bauten, wie den **UFA-Palast** in Dresden, und wendet sich nun, bei der BMW-Welt in München, organischen Formen zu.
Fließende Formen, nur möglich durch die Verwendung von Kunststoffen als Außenhaut, zeichnen auch das **Kunsthaus** in **Graz** von Peter **Cook** aus, das wie ein Fremdkörper in der historischen Altstadt sitzt.

Als Landmarke in der Hafencity von Hamburg wirkt **Behnischs Marco-Polo-Turm**, der mit geschwungenen Balkons organische Formen und zweckmäßigen Wohnbau vereint.

Am anderen Ende des Hafenbeckens bauten **Herzog & de Meuron** die **Elbphilharmonie**, bei der auf die Außenmauern eines alten Kakaospeichers eine Konzerthalle gesetzt wurde, die eine außerordentliche Fernwirkung für mit dem Schiff Ankommende hat. Sie bauten für die Olympischen Spiele in **Peking** das **Stadion**, das wie ein Vogelnest aus Stahlträgern wirkt.

Die Wiedergeburt der Moderne, erweitert durch heutige technische Möglichkeiten, stellt das Gebäude in den Mittelpunkt der Aufmerksamkeit. Das individuelle künstlerische Werk eines bekannten Architekten mehrt den Ruhm des Bauherrn und hilft, lästige Bauvorschriften mit dem Ziel der Profitmaximierung auszuhebeln. Der Bezug zu Umgebung und Geschichte des Ortes bleibt dabei häufig auf der Strecke. Die Jagd nach Rekorden führt zu immer höheren Hochhäusern, deren höchstes derzeit der Burj Khalifa in Dubai mit 830 m ist. Mit **spektakulären Formen**, einprägsam wie ein Logo, wird die gebaute Umwelt zum Werbeträger für Unternehmen, wie beim Hochhaus im Londoner Finanzbezirk von Norman **Foster**.

Es gibt keinen Stil mehr. Wir haben alle Möglichkeiten und täglich werden es mehr. Die Kunst liegt nicht mehr im Ausschöpfen des Möglichen, sondern in der Beschränkung auf das Wesentliche.
Heinrich Tessenow: „Das Einfachste ist nicht immer das Beste, aber das Beste ist immer einfach."

Bei Betrachtung des gegenwärtigen Baugeschehens entsteht der Eindruck, die Geschichte des Bauens sei auserzählt. Wie am Ende des 19. Jahrhunderts werden immer wieder Varianten des schon Dagewesenen produziert, als wären wir noch immer im Zeitalter der blühenden Moderne. Einzelne spektakuläre Bauten und gestalterische Eitelkeiten verschieben die Grenzen des Denk- und Machbaren immer weiter ohne inhaltlich Neues zu bieten. Inhaltlich zeitgemäß wäre, auf sozialen Ausgleich, Nachhaltigkeit und geringen Ressourcenverbrauch mit innovativen Baukonzepten zu setzen.

Nachhaltiges und **ökologisches Bauen** war immer ein Anliegen des Pioniers der Solararchitektur, Rolf **Disch**. Nach seinem berühmten **Heliotrop**, einem drehbaren Demonstrationsgebäude, das dem Sonnenverlauf folgt und wesentlich mehr Energie produziert als es verbraucht, setzte er das Konzept des Plusenergiehauses im Freiburger

Weil/R., Vitra-Feuerwache, Zaha Hadid 1992

Innsbruck, Bergbahn, Zaha Hadid 2008

Dresden, UFA-Palast

Graz, Kunsthaus, Peter Cook 2003

Hamburg, Hafencity, Behnisch 2009

London, Foster 2003

Peking, Nationalstadion, Herzog & de Meuron 2006

Freiburg, Solarsiedlung, Rolf Disch 1998

Heliotrop 1994

Freiburg, Sonnenschiff, Rolf Disch 2005

Stadtteil Vauban bei weniger spektakulären Bauten um. Die **Solarsiedlung** und das **Sonnenschiff**, ein gemischt genutztes Gebäude mit Geschäften, Büros und Wohnungen, bieten hohe Wohnqualität in moderner Gestaltung, ohne dass sich das innovative Konzept formal aufdrängte.

Ähnlich unspektakulär sieht die **SolarCity** in **Linz** aus, wo von verschiedenen Architekten ein neuer Stadtteil unter dem Aspekt der Nachhaltigkeit in Energieverbrauch und Verkehr geplant wurde. Einer von ihnen, Martin **Treberspurg**, errichtete auch die Gipfelhütte des Hochschwab in 2150 m Höhe als Passivhaus.

Bauen bedeutet oft Flächenverbrauch. Von 1992 – 2005 hat die Siedlungs- und Verkehrsfläche in Deutschland um 5.745 km² zugenommen (Statistisches Bundesamt 2006). Das ist mehr als die doppelte Fläche des Saarlandes.
In München überbaute Florian **Nagler** einen Parkplatz mit einem Wohnbau. Auch mit Aufstockungen und Dachbodenausbauten wird zusätzlicher Raum ohne Flächenverbrauch geschaffen. Gelungene Dachaufbauten wirken eigenständig aber nicht als Fremdkörper.
Auch mit hohen Gebäuden kann der Flächenverbrauch gering gehalten werden. Chinesische Städte sind mittlerweile von Hochhäusern geprägt wie Taiyuan mit den River Heigths Residences für 10.000 Menschen. Auch in Europa werden wieder vermehrt Wohnhochhäuser errichtet, um die steigende Nachfrage nach Wohnraum in Städten zu erfüllen. Hoffentlich werden daraus nicht wieder soziale Brennpunkte wie in den Massensiedlungen der 1960er und 70er Jahre.

Ein Beitrag zur Nachhaltigkeit liegt auch in der Verwendung nachwachsender und lokaler Rohstoffe. Das im Holz gespeicherte CO_2 wird über die Nutzungsdauer des Gebäudes nicht freigesetzt. Der CO_2-Ausstoß bei Gewinnung, Transport und Bau ist viel geringer als bei Beton und Stahl. Auch werden Kies und Sand zunehmend zur Mangelware. Mittlerweile entstehen sogar Hochhäuser in Holzbauweise, wie das **Skaio** in **Heilbronn** von **Kaden + Lager**, das **HoHo** in **Wien** von Rüdiger **Lainer**, oder das **Roots** in **Hamburg** von **Stoermer + Partner**.

Stroh und Lehm sind Baustoffe mit geringem Energiebedarf und lokal verfügbar. In **Verden** bauten 2014 Thomas **Isselhard** und Dirk **Scharmer** das 5-geschossige Norddeutsche Zentrum für Nachhaltiges Bauen (**NZNB**) in Holzbauweise mit Strohballendämmung.
Das **Strohhaus** in **Disentis** von Werner **Schmidt** ist aus lasttragenden Großstrohballen errichtet und mit Kalkmörtel verputzt. Der Kamin mit Ofen dient zur Beruhigung der Bauherren, für die Heizung ist er nicht notwendig, das erledigt die Sonne.
In **Tattendorf** errichtete Wolfgang **Reinberg** ein Bürogebäude als Passivhaus mit Holzkonstruktion, Stohdämmung und Lehmverputz sogar an der Außenseite.
Beim Lehmhaus in **Schlins** verwendeten Martin **Rauch** und Roger **Boltshauser** das gesiebte Aushubmaterial der Baugrube für die Stampflehmwände. Diese sind durch horizontale Streifen aus Ziegeln gegliedert, die gleichzeitig den Niederschlag vom Lehm fernhalten.

Linz, SolarCity 2000

Hochschwab, Schiestlhaus 2005

München, Parkplatzüberbauung

Wien, Aufstockung

China, Taiyuan 2017

Hamburg-Altona 2011

Heilbronn, Skaio 2019

Hamburg, Roots 2021

Wien, HoHo 2021

Disentis, Strohhaus 2002

Verden, NZNB 2014

Tattendorf, Lehm-Stroh-Bürohaus

Schlins, Lehmhaus 2008

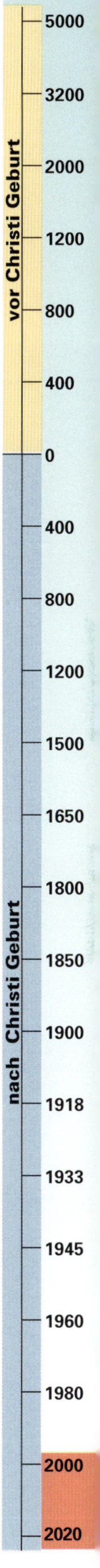

Zeittafel

	Epoche		Bauten und Bauformen	Stilelemente	Beispiele
	5000 v. Chr. 2500 v. Chr.	**Steinzeit**	Dolmen, Menhire, Hügelgräber, Langhaus-Stangenbauten, Pfahlbauten	Megalithbauten Pfahlbauten	Stonehenge Dolmen de la Madeleine Unteruhldingen: Pfahlbauten
Bronzezeit	3200 v. Chr. 540 v. Chr.	**Mesopotamien**	Zikkurat Stadttor, Burg	Gliederung mit Pfeilern und Nischen Verkleidung mit glasierter Keramik	Ur Babylon: Ischtartor, Zikkurat
	2800 v. Chr. 330 v. Chr.	**Ägypten**	Mastaba, Pyramide Taltempel, Felsentempel Obelisk, Sphinx	Steinbau mit Stützen und Balken Kapitelle mit pflanzlichen Motiven Plastiken und Basrelief	Gizeh: Pyramiden Deir el-Bahari: Hatschepsut-Tempel Abu Simbel: Felsentempel
	2000 v. Chr. 1200 v. Chr.	**Kreta** **Mykene**	Palast Stadttor Grabbauten	Kretische Säulen, kräftige Farben Mykene: Zyklopenmauer, unechtes Gewölbe	Knossos: Palast Mykene: Löwentor, Schatzhaus des Atreus
Antike	800 v. Chr. 100 v. Chr.	**Griechenland**	Tempel Theater, Stoa, Rathaus, Gymnasion, Bibliothek	Steinbau mit Stützen und Balken Einfache klare Formen, dorische, ionische, korinthische Ordnung	Athen: Akropolis, Parthenon Delphi: Theater Pergamon: Zeusaltar
	300 v. Chr. 400	**Rom**	Tempel, Atriumhaus, Basilika, Amphitheater, Therme, Triumphbogen, Aquädukt	Gewölbe- und Kuppelbau Weiterentwicklung griechischer Ordnungen	Pompeji, Herculaneum Rom: Kolosseum, Pantheon, Basilika Ulpia
nach dem Römischen Reich	400 800	**Frühchristentum**	Basilika, Zentralbauten	Hölzerne Dächer, gewölbte Apsis	Rom: S. Sabina, S. Costanza
	400 1400	**Byzanz**	Kuppelbau, Basilika, griechisches Kreuz, Zentralbauten	Gewölbe, Fenster am unteren Kuppelrand, Mosaiken	Byzanz: Hagia Sophia Ravenna: S. Vitale, S. Apollinare in Classe
	650 1400	**Islam in Spanien**	Moscheen als Säulenhallen, Kuppelbauten	Säulenhallen mit Doppelbögen Geometrische, kalligraphische Ornamente in Stein	Cordoba: Moschee Granada: Alhambra
Mittelalter	1000 1250	**Romanik**	Basilika, Kreuzgrundriss Burgen, Klöster	Massive, wehrhafte Steinbauten, Gewölbe, Rundbogenfenster, Trichterportal, einfacher Figurenschmuck	Hildesheim: St. Michael Kaiserdome in Mainz, Speyer und Worms
	1250 1500	**Gotik**	Basilika, Hallenkirche, Rathäuser, Spital, Bürgerbauten	Leichte, durchbrochene Steinbauten, Vertikalbetonung, Spitzbogen, Rippengewölbe, Strebepfeiler u. -bögen	Köln: Dom Ulm: Münster und Rathaus Lübeck: Heiligengeistspital
Neuzeit	1500 1650	**Renaissance** **Manierismus**	Kuppelbau, Zentralbau Palastbauten, Rathaus	Horizontalbetonung, Gesims, Fensterüberdachungen, Arkadenhöfe Rechteckige und Bogenfenster	Florenz: Dom Vicenza: Villa Rotonda Augsburg: Rathaus
	1650 1800	**Barock** **Rokoko**	Achsenbildung, Symmetrie Schlösser, Kirchen Bürgerbauten	Krümmungen, Bögen, gesprengte Bögen, illusionistische Malerei Üppige Bauplastik und Malerei	Vierzehnheiligen Dresden: Frauenkirche Ludwigsburg: Schloss
	1800 1850	**Klassizismus**	Bürgerbauten, Schlösser Kirchen Triumphbogen	Gesims, Säulengiebel, Symmetrie Reduziertes, antikisierendes Dekor	Berlin: Schauspielhaus München: Glypthothek Stuttgart: Grabkapelle
	1850 1900	**Historismus**	Neugotische Kirchen, Neurenaissance-Bürgerbauten	Mischstil früherer Epochen Fassade als äußerer Schein Reiches Dekor	Wien: Ringstraße, Rathaus, Neuschwanstein: Schloss
	1870 1918	**Industriearchitektur**	Stahlhallen, Bahnhofshallen, Glashäuser Hochhäuser, Brücken	Genietetes Stahlfachwerk Gusseisen, Backstein Konstruktion wird sichtbar	London: Cristal Palace Paris: Eiffelturm St. Louis: Wainwright Building
20. Jahrhundert	1890 1918	**Jugendstil**	Kirchen, Bürgerbauten	Einheit von Handwerk und Kunst Florales Dekor Blattgold, Mosaik	Paris: Metróstationen Wien: Stadtbahn Darmstadt: Ernst-Ludwig-Haus
	1918 1933	**Expressionismus**	Wohnhausanlagen um große Höfe, Bürgerbauten	Ausdrucksstarke Formen Spitze Winkel, kantiges Dekor Formal reduzierte Bauplastik	Amsterdam: Stadtteil Süd Hamburg: Chile-Haus Wien: Gemeinde-Wohnbauten
	1918 1933	**Frühe Moderne**	Geschäftsbauten Öffentliche Gebäude Wohngebäude	Verzicht auf Dekor, glatte Flächen Trennung von Tragkonstruktion und Fassade, große Glasflächen	Brno: Villa Tugendhat Dessau: Bauhaus Stuttgart: Weißenhofsiedlung
	1933 1945	**Diktaturen**	Öffentliche Gebäude Symmetrie, Achsenbildung	Rückgriff auf Klassizismus, Mischstil, Großformen, Gigantismus	Berlin: Reichskanzlei Moskau: Lomonossow-Universität
	1945 1980	**Moderne nach dem 2. Weltkrieg**	Freistehende Gebäude Zeilenbau, Plattenbauweise Autogerechte Stadt	Vereinfachung, Systematisierung Glatte Flächen, kein Dekor Betonung der Konstruktion	Brasilia Berlin: Philharmonie München: Olympiastadion
	1980 1990	**Postmoderne**	Raumbildung im Außenraum	Zeichen setzen Historisierende Zitate, Rückgriff auf Klassizismus	Stuttgart: Staatsgalerie Karlsruhe: Landesbibliothek
	1990 heute	**Moderne, Dekonstruktivismus**	Wohnbauten Firmenbauten und öffentliche Gebäude	Ökologisches Bauen Freie Formen Zeichenhafte Großformen	Peking: Olympiastadion Bilbao: Guggenheim-Museum Weil/Rhein: Feuerwache

Sachregister

Namensregister

Bildquellenverzeichnis

Verfasser und Verlag danken den genannten Firmen, Institutionen und Privatpersonen für die Überlassung von Vorlagen und Abdruckgenehmigungen zu folgenden Abbildungen:

© Architekt: Georg W. Reinberg, Foto: Kytlica Peter: Seite 47 (6a)
Architektur: Kaden + Lager, Foto: Bernd Borchardt: Seite 47 (4a)
© Architektur-Bildarchiv / Thomas Robbin, Herten: Seite 44 (2b)
architetour.files.wordpress.com: Seite 45 (6)
Arya, Rama: Seiten 8 (1, 5); 9 (5)
Atelier Werner Schmidt, CH-Trun: Seite 47 (Textspalte a)
Bacon, Edmund N., „Design of Cities", Penguin Books, 1974: Seite 26 (2a+b)
Bergs, Jessica, fotocommunity.com: Seite 15 (2b)
Berlin Partner GmbH, Berlin: Seite 36 (4)
Bittner, Wolfgang, Berlin: Seite 44 (5b)
Bizemont, Gil, myparisnet.com: Seite 26 (3)
Blessing, Dieter, Leutenbach: Seite 32 (4a)
bpk / Vorderasiatisches Museum, SMB, Berlin: Seite 6 (1)
Bühler, Beat, Projekt „Haus Rauch", CH-Zürich; www.lehmton-erde.at: Seite 47 (6b)
Bundesarchiv, Bild 146-1986-029-02/CC-BY-SA: Seite 41 (4b)
Bushe, Catherine, Irland: Seite 4 (5)
Choay, Francoise: The Modern City Planning in the 19th Century, Braziller, 1969: Seite 31 (6b, 8)
commons.wikimedia.org: Seiten 8 (2©Jon Bodsworth, 3a©Master Uegly); 12 (3©B. Jankuloski by Napoleon Vier, 4©Mauro Cateb, 6b+c©Meyers Kleines Konversationslexikon); 20 (4©Provinzialverband der Rheinprovinz); 21 (2©Dehio, Georg / Bezold, Gustav von); 24 (1a©August Essenwein); 29 (2b©Wilhelm Lübke); 29 (5b©Hugo Steffen)
commons.wikimedia.org / CC-BY-SA-3.0 & GFDL: Seiten 20 (5b©Raimond Spekking); 30 (4a©Raimond Spekking)
commons.wikimedia.org, lizenziert unter Creative Commons-Lizenz & GFDL: Seite 24 (1c©Thomas Robbin)
commons.wikimedia.org, lizenziert unter https://creativecommons.org/licenses/by-sa/3.0/de/deed.de: Seiten 9 (3©Einsamer Schütze; Modell v. André Feldewert und Christian Zöllner); 20 (6b©Heinz-Josef Lücking), 23 (3a©Tilman2007, 3b©Berthold Wermer)
commons.wikimedia.org, lizenziert unter https://creativecommons.org/licenses/by-sa/4.0/deed.de: Seiten 19 (3b©PtrQs/Ausschnitt); 20 (3a©Tsungam/Ausschnitt), 45 (4b©PJT56), 47 (4b©Alexander Migl/Ausschnitt, Textspalte b©Gerd Fahrenhorst/Ausschnitt)
commons.wikimedia.org, lizenziert unter https://creativecommons.org/publicdomain/mark/1.0/deed.de: Seite 19 (4b©Matthäus Merian)
Conrad, Karl Emanuel: Berlin, Rotunde im Alten Museum, 1834, SPSG, GK II (5) 3837a. / Stiftung Preußische Schlösser und Gärten Berlin-Brandenburg / Daniel Lindner: Seite 33 (3a)
Contumax GmbH & Co KG, Berlin: Seite 24 (1b)
Detrich, Richard, wordpress.com: Seite 15 (3b)
Disch, Rolf, SolarArchitektur, Freiburg: Seite 46 (6a+b, 7)
EBS Linz, Martin Schweighofer, presse.hausderzukunft.at: Seite 47 (1a)
Erich Schmidt, Studien zur Bau- und Formengeschichte der Hirsauer Peterskirche. Zeitschrift für Kunstgeschichte 15. Bd., H. 2 (1952), pp. 117–127: Seite 20 (3b)
© F.L.C. / VG Bild-Kunst, Bonn 2021: Seiten 36 (5, 6); 39 (5b); 43 (2a+b)
Flickr: Seiten 3 (3a©icelight, Boston, 5b); 6 (3c©Pengarang, M. Lubinski), 41 (1a©rpa2101); 43 (3a©Chiara); 44 (4a©Wolfgang Staudt)
Fondazione Palazzo Strozzi: Seite 27 (2b)
© Foto- und Bilderdienst GELBMANN – Neuperlach – München – www.gelbmann.org: Seite 47 (2a)
Fuder, Birgit, Stadt Nürnberg: Seite 25 (3)
Garbe Immobilien-Projekte GmbH, Hamburg: Seite 47 (5a)
Gesellschaft für Urgeschichte Blaubeuren, Urbach: Seite 4 (3©Mandred Gaßner)
Gympel, Jan: Geschichte der Architektur von der Antike bis heute, H.F.Ullmann, Königswinter: Seite 29 (2a)
© Heiss, Nikolaus, Darmstadt: Seite 37 (2b)
Herzog & de Meuron, CH-Basel: Seite 46 (5©Iwan Baan)
Hofbauer, DI Wilhelm, A-Wien: Seite 47 (1b)
Horta, Victor: Seite 37 (1a)
© Josef Weichenberger architects, Foto: Erika Mayer: Seite 47 (2b)
Karlsruhe, Badische Landesbibliothek, Abbildung Bibliothek, Karlsruhe, O. M. Ungers: Seite 44 (2a)
Katzlinger, Georg Maria, Zeichnung: www.WienerWege.at, A-Wien: Seite 29 (4b)
KHM Museumsverband, A-Wien: Seite 6 (5)
Klassik Stiftung Weimar: Seite 30 (6a©Roland Dreßler)
Knobloch, Rajko, Berlin: Seite 41 (4a)
Krecklow, Matthias, Brandenburg: Seite 15 (2a)
laddish.net: Seite 13 (4a)
Leonardo Benevolo, Die Geschichte der Stadt © 2007 Campus Verlag, Frankfurt a.M./New York: Seiten 5 (3, 4, 5, 7, 8, 10); 7 (5, 6); 11 (3a, 4), 12 (1); 14 (3a+b); 15 (1a+b); 18 (1); 31 (2, 4b)
Miletgrabung DAI-RUB-UHH, B. Weber: Seite 11 (5)
Münch, Christoph, Dresden: Seite 30 (3b)
Münch, Joachim, fotocommunity.com: Seite 37 (3b)
Nikolaikirche Wismar (Bilder-CD): Seiten 24 (4a+b, 5); 25 (1a+b, 2b)
Obertscheider, Dr. Christof, A-Wien: Seite 27 (1b)
Office of London Architecture and Urbanism photogallery: Seite 26 (4a)
© People›s Architecture Office, CN-Beijing: Seite 47 (3a)
© PIA Stadt Frankfurt am Main: Seite 33 (3b©Karola Neder)
Pixabay GmbH, Berlin: Seiten 9 (Textspalte b©DEZALB, Textspalte c©DEZALB, Textspalte e©Bente Jonsson)
PIXELIO: Seiten 16 (4©Alexandra Bucurescu); 44 (3a©Bernd Sterzl)
Putschögl, Martin, A-Wien: Seite 45 (3b)
Romegialli, Susanne, fotocommunity.com: Seite 37 (6b)
Sauber, Wolfgang, A-Sarleinsbach: Seite 23 (Textspalte)
Schlör, Claudia, Geldersheim: Seite 29 (3b)
Shutterstock Images LLC, New York, USA: Seiten 3 (4©Lowell Monke, 5a©Gordon Bell); 9 (1©Irakli Shavgulidze, 2©Marcelo Alex, Textspalte d©Martin M303); 10 (2©Heracles Kritilkos, 3©Peter Maerky); 12 (2©Sergio Bertino); 16 (2©Lexcard); 18 (5©Alla Khananashvili); 23 (1b©Paola Leone); 24 (2a©Wolfgang Zwanzger); 25 (Textspalte a©Jumos, Textspalte b©Ilona Lablaika, Textspalte c©Jorisvo, Textspalte d©Charley Carter); 27 (3a©Lia Koltyrina); 28 (3b©Sina Ettmer Photography); 32 (2b©Daniel M. Silva, 4b©Kiev. Victor); 34 (6a©Richard Sevcik, 6b©canadastock); 36 (3b©Dietwal); 39 (3©berlinpictures16); 41 (6©Massimo Todaro); 43 (7a©MSMondadori)
Sommer, Helmut, Stuttgart: Seiten 3 (2); 5 (1b, 9); 6 (4b+b); 8 (3b, 4), 10 (5a); 11 (1, 2a); 12 (5b); 14 (2b, 5a+b); 15 (3a, 5); 16 (3a); 17 (1, 2b, 6a+b); 18 (3b); 19 (1, 2); 20 (2a); 21 (1a+b, 3b); 22 (1a+b, 2, 3, Textspalte a+b); 24 (3); 25 (5b); 26 (4b); 27 (5a); 28 (2a, 3a, 4b); 29 (3a, 4a); 30 (1, 2, 3a, 4b, 5a, 7a+c); 32 (6b); 33 (6b); 34 (4b, 5a); 35 (1a+b, 3a+b, 5a+b); 37 (4a+b, 5a); 38 (1b); 39 (1a, 4b, 5a, 6a+b); 40 (4b, 5a+5b); 41 (1b, 2a); 42 (2, 4a); 43 (3b, 4a, 6); 44 (1, 3b, 5a, 6a+b); 45 (3a, 4a, 5a, 7a); 46 (1b)
Staatliche Schlösser und Gärten Hessen, Bad Homburg: Seite 19 (5b)
Staats- und Universitätsbibliothek Bremen, 2001. Enth.: Feuille I.re, Sur la quelle on voit No. 1. Les Environs, 2. l'Icnographie, 3. & le Prospect du Chateau de Carolsruhe. – Enth.: Feuille II.me du Plan de Carolsruhe ou se repredentent les Profils & l'Ichnographie des principaux Edifices (1739. [Elektronische Ressource]): Seite 26 (6)
Stadt Erlangen: Seite 30 (6b©Achim Bunz)
stock.adobe.com: Seiten 9 (Textspalte f©Parnab), 21 (3a©Rainerle); 25 (4a©Peter Frings); 45 (2©Manuel Schönfeld); 47 (3b©Carl-Jürgen Bautsch)
Strabrecht College, NL-Geldrop: Seiten 12 (6a); 38 (4b)
Teply, Libor, CZ-Brno, www.fotep.cz: Seite 40 (1)
Turismo de Lisboa – www.visitlisboa.com: Seite 33 (1)

Bildquellen

Universität Tübingen, Hilde Jensen, Tübingen: Seite 4 (1a©Hilde Jensen)
Universitätsbibliothek Heidelberg: Dehio, Georg / Bezold, Gustav von: Kirchliche Baukunst des Abendlandes, (Atlas 2), Tafel 117–210, Tafel 164, Stuttgart, 1888 https://digi.ub.uni-heidelberg.de/diglit/dehio1888atlas2/0059: Seite 21 (4a+b)
Universitätsbibliothek Heidelberg: Dehio, Georg / Bezold, Gustav von: Die kirchliche Baukunst des Abendlandes ([Bd. 3], Atlas ; 4): Tafel 361–445, Tafel 362, Stuttgart, 1894 https://digi.ub.uni-heidelberg.de/diglit/dehio1894atlas4/0010: Seite 22 (5a)
Universitätsbibliothek Heidelberg: Dehio, Georg / Bezold, Gustav von: Die kirchliche Baukunst des Abendlandes ([Bd. 3], Atlas ; 4): Tafel 361–445, Tafel 363, Stuttgart, 1894 https://digi.ub.uni-heidelberg.de/diglit/dehio1894atlas4/0011: Seite 22 (5b)
Universitätsbibliothek Heidelberg: Dehio, Georg / Bezold, Gustav von: Die kirchliche Baukunst des Abendlandes ([Bd. 3], Atlas ; 4): Tafel 361–445, Tafel 384, Stuttgart, 1894 https://digi.ub.uni-heidelberg.de/diglit/dehio1894atlas4/0032: Seite 22 (6a+b)
Universitätsbibliothek Heidelberg: Fergusson, James: The illustrated handbook of architecture: being a concise and popular account of the different styles of architecture preveiling in all ages and all countries – London, 1859, S. 963, https://digi.ub.uni-heidelberg.de/diglit/fergusson1859/1027: Seiten 17 (2a)
Universitätsbibliothek Heidelberg: Rahn, Johann Rudolf: Geschichte der bildenden Künste in der Schweiz: von den ältesten Zeiten bis zum Schlusse des Mittelalters ; mit 2 Tafeln und 167 in den Text gedruckten Holzschnitten Zürich, 1876, Seite 91 https://digi.ub.uni-heidelberg.de/diglit/rahn1876/0123/image: Seite 18 (2)
Urgeschichtsmuseum Niederösterreich, A-Asparn/Zaya: Seite 4 (4b)
van Dongen, Joost, NL-Utrecht: Seite 15 (4a)
Veltheim-Lottum, Ludolf: Kleine Weltgeschichte des städtischen Wohnhauses, Verlag Lambert Schneider, Heidelberg, 1952: Seiten 5 (6), 7 (2, 3, 4a+b), 11 (2b+c, 3b)
Verlag Dr. Hans Epstein, Wien & Leipzig, 1929: Seite 31 (4a)
© VG Bild-Kunst, Bonn 2021: Seiten 40 (2, 3); 43 (4b)
Wikipedia: Seiten 3 (1a©Amartyabag, 1b©Fg2, 3b©Tyjabi); 4 (1b©MatthiasKabel, 2a©Cro-Magnon peoples, 2b©Ramessos, 4a©Rauenstein, 6©Operarius); 5 (1a©Jastrow); 6 (2©Petrusbarbygerem, 3a©Hardfast, 3b©Jim Gordon); 7 (1©Ricardo Liberato); 9 (4©Gocht); 10 (1©Lappländer, 4©Andreas Trepte, 5b©Ken Russell, Salvador); 12 (5a©Bernhard J. Scheuvens); 13 (1©Mountain, 2©AlMare, 3©Jan Melich, 4b©Adam Carr, 5©Leonidtsvetkov); 14 (1©Stefan Bauer, 2a©AlMare, 4©Photoglob AG, Zürich); 15 (4b©Alexander Z.); 16 (1©Jochen Janke, 3b©Lalupa, 5©Gokhan); 17 (3a©Berthold Werner, 3b©Berthold Werner, 4b©Heretiq, 5a©Lettko, 5b©Hans Peter Schaefer); 18 (3a©Sven Teschke, 4©Dehio, Georg/ von Bezold, Gustav: Kirchliche Baukunst des Abendlandes, Cotta 1901); 19 (3a©Wolkenkratzer, 4a©AlterVista, 5a©Presse03, 6a©Heidas, 6b©Awmjr); 20 (1©Directmedia, 2b©Maxgreene, 5a©Thomas Bergholz, 6a©Longbow4u); 21 (5a©Berthold Werner, 5b©Wolkenkratzer); 22 (4a©Tristan Nitot, 4b©bodoklecksel, 6c©Magnus Manske); 23 (1a©Vassil, 2a©Ludwig Schneider, 2b©Taxiarchos228, 4a©Dehio, Georg/ von Bezold, Gustav: Kirchliche Baukunst des Abendlandes, Cotta 1901, 4b©Berthold Werner); 24 (2b©W.Wacker); 25 (2a©Arnold Paul, 4b©Floran Adler, 5a©Drombalan); 26 (1©Jensens, 5©Diliff); 27 (1a©Richard Heidler, 3b©Luukas, 4©GDelhey, 5b©Samuli Lintula); 28 (1a©Jürgen Howaldt, 1b©context medien und verlag, Augsburg, 2b©Berthold Werner, 4a©Andrew Bossi, 5b©Maulaff, 6a©Tk, 6b©Immanuel Giel); 29 (1©Walter Hochauer, 5a©Ronny Kreutel); 30 (5b©Felix.matheis, 7b©Myrabella); 31 (3a©J & C Walker Sailp 1858, 3b©Österreichisch-Ungarische Monarchie, Militärgeographisches Institut 1875, 5©Phalanstère.jpg, 6a©LonganimE, 7©bodoklecksel); 32 (1©Beek100, 2a©Patche99, 3a©Claude Nicolas Ledoux, 3b©Étienne-Louis Boulée, 5a©Mandred Heyde, 5b©J.M. Schomburg, 6a©Dezidor); 33 (2©Beek100, 4©Andreas Praefcke, 5a©Meph666, 5b©Ikar.us, 6a©Jochen Jansen); 34 (1a©Thorbojern, 1b, 2©Jürgen Matern, 3a©Daniel Schwen, 3b©Andreas Praefcke, 4a©Ingersoll, 5b©Gryffindor); 35 (2©London_Crystal_Palace, 4©chensiyuan, 6a©Benh LIEU SONG, 6b); 36 (1©Hans Peter Schaefer, 2a©Michael Sender, 2b©Monroe, 3a©Wiki05); 37 (1b©Steve Cadman, 2a©Alexandru.giurca, 3a©Dontworry, 5b©Muesse, 6a©Doris Anthony, Berlin); 38 (1a©Tim Schredder, 2a©Wolfgang Meinhart, Hamburg, 2b©Wolfgang Meinhart, Hamburg, 3a©Eva Kröcher, 3b©Reiner Halama, 4a©Mtcv, 5a©Anton-kurt, 5b©Astrophysikalisches Institut, Potsdam, 6©Dreizung); 39 (1b©Doris Anthony, 2©Mike Reiss, 4a©Picture by Hay Kranen / CC-BY); 40 (4a©Doris Anthony, 6a©Schlesinger, 6b©Michael Sander); 41 (2b©NVO, 3a©sailko, 3b©Remo, 5a©Matthias Wagner, 5b©Tobias Bär); 42 (1©Fabio Rodrigues Pozzebom/Abr, 3a©Manfred Brückels, 3b©©Manfred Brückels, 4b©Manfred Brückels, 5©Sansculotte, 6a©United States Geological Survey, 6b©U.S. Department of Housing and Urban Development Office of Policy Development and Research); 43 (1©Harald Kliems, 5a©Matthew Field, 5b©Berthold Werner, 7b©Manfred Brückels); 44 (4b©Jean-Pierre Dalbera, Paris, France); 45 (1©Manfred Brückels, 5b©8mobili, 7b©Manfred Brückels); 46 (1a©Sandstein, 2a©Hafekelar, 2b©Kolossos, 3a©Marion Schneider & Christoph Aistleitner, 3b©Gerhard Kemme, 4©H005)
Wolf, Joachim, Vielbach: Seite 28 (5a)
www.info.roma.it: Seite 15 (6)
www.lzfroyaltyfreepictures.co.uk: Seite 31 (1)
www.pxfuel.com: Seite 9 (Textspalte a)
www.roma-antica.co.uk: Seite 27 (2a)

Trotz intensiver Bemühungen ist es uns nicht gelungen, die Urheber einiger Abbildungen zu ermitteln. Die Rechte dieser Urheber werden selbstverständlich vom Verlag gewahrt. Die Urheber oder deren Rechtsnachfolger werden gebeten, sich mit dem Verlag in Verbindung zu setzen.

Impressum

ISBN 978-3-582-26536-4 Bestell.-Nr. 5640

Verlag Handwerk und Technik GmbH, Lademannbogen 135, 22339 Hamburg; Postfach 63 05 00, 22331 Hamburg – 2021
E-Mail: info@handwerk-technik.de, Internet: www.handwerk-technik.de

Umschlagfotos von links: stock.adobe.com (1©Parnab); Shutterstock Images LLC, New York, USA (2©Sergio Bertino); stock.adobe.com (3©Rainerle); Helmut Sommer, Stuttgart; commons.wikimedia.org lizenziert unter https://creativecommons.org/licenses/by-sa/4.0/deed.de (5©Alexander Migl / Ausschnitt)

Technische Umsetzung: CMS – Cross Media Solutions GmbH, 97082 Würzburg
Druck und Bindung: Himmer GmbH Druckerei & Verlag; 86167 Augsburg